FFARWÉL ARCHENTINA

D1826134

Ellen Davies de Jones 1870-1965

Ffarwél Archentina

Marged Lloyd Jones

GOMER

Argraffiad Cyntaf–Mawrth 1995

ISBN 1 85902 211 1

Dymuna'r cyhoeddwyr gydnabod cymorth a chyfarwyddyd Adrannau'r Cyngor Llyfrau Cymraeg.

Argraffwyd gan J. D. Lewis a'i Feibion Cyf.,
Gwasg Gomer, Llandysul, Dyfed

i
Eiry ac Arwyn
ŵyrion Ellen a Tom

ACHAU'R TEULU

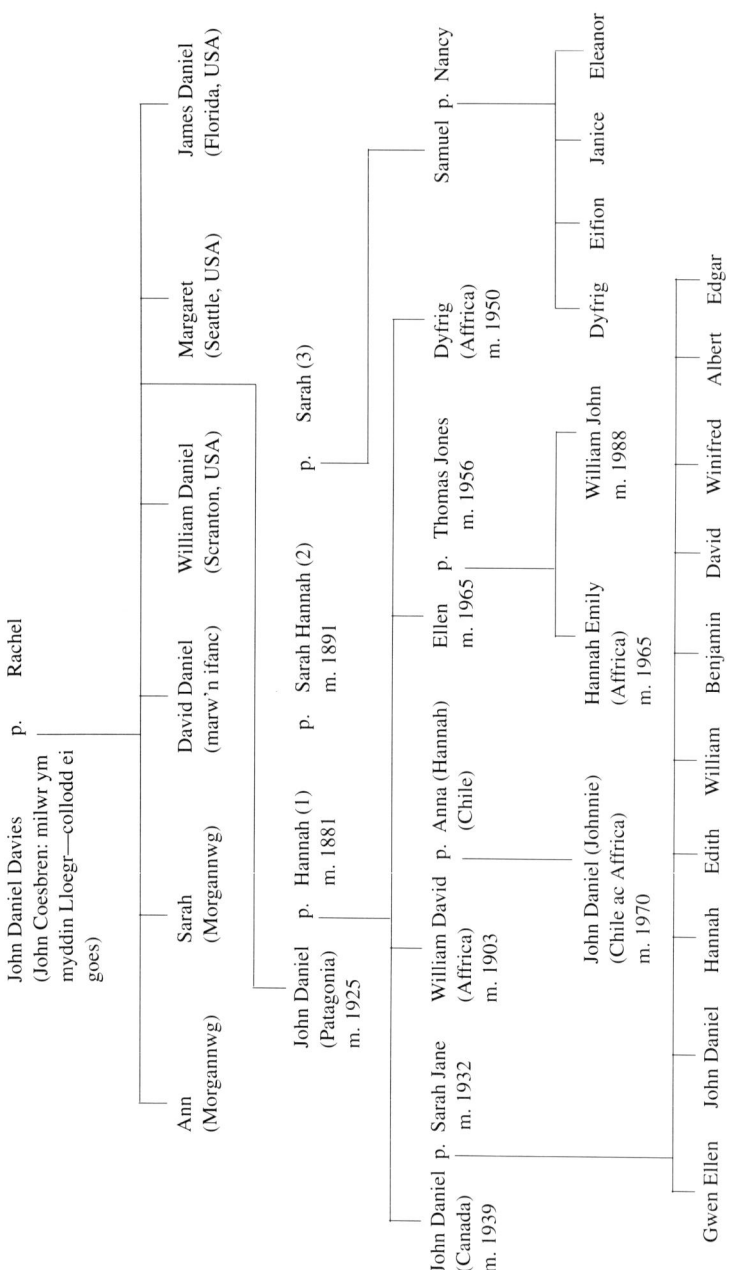

DIOLCHIADAU

Hoffwn ddiolch i: Eiddwen am fy ngoleuo ynglŷn â'r geiriau Sbaeneg; i Rachel am ei chefnogaeth ac am ddarllen y proflenni; i Wasg Gomer am ei hynawsedd a'i chymorth parod, ac i'r Cyngor Llyfrau Cymraeg am ei nawdd.

Marged Lloyd Jones

Lerpwl

Lisbon

Madeira

DE AFFRICA

Valparaiso

CHILE

PATAGONIA/ARCHENTINA

Buenos Aires

Porth Madryn

Y DAITH O BATAGONIA I GYMRU. 7,000 o filltiroedd

Pennod I

Do, fe ddaeth yr awr. Ond nid i ddianc adre. Roeddwn yn gadael fy nghartref ar ôl, yng nghanol unigeddau'r Paith, ac nid gadael fy nghartref yn unig, ond gadael y cyfan oedd yn annwyl i mi—fy nghyfoedion, y capel a'r wlad, er mor ddiffaith oedd. Archentwraig oeddwn, nid Cymraes.

Roedden nhw yno i gyd ym Mhorth Madryn yn ffarwelio â ni, ffyddloniaid Capel Bryn-crwn, fy ffrindiau, Johnnie fy mrawd a'i deulu bach; pob un â'i anrheg a'i gyngor.

'Peidiwch â'n hanghofio, dewch 'nôl atom eto,' ac ymlaen, ac ymlaen yn ddiddiwedd.

Ac roedd John yno. Roedd hynny'n syndod pleserus, er na wyddwn yn iawn beth i'w ddweud wrtho; wyddai yntau ddim beth i'w ddweud wrthyf innau chwaith. Ond fe wthiodd anrheg fechan i'm llaw, gan sibrwd,

'Caf dy weld yng Nghymru, Ellen. Rwyf wedi addo y byddaf yn mynd 'nôl yno 'mhen y flwyddyn.'

Addo i bwy, tybed? Roedd ein perthynas wedi oeri fyth oddi ar iddo ddod 'nôl i'r Wladfa o Gymru, a gwyddwn i sicrwydd yn ôl ei ymarweddiad fod ganddo rywun arall yr oedd yn ei hoffi'n well na fi. Ac eto! A pham fy nghyfarch fel 'Ellen'? Ble'r aeth y 'Nel fach' gynnes, agos-atoch? Ond nid dyma'r amser i chwalu meddyliau ac esgor ar obeithion.

Roedd Nhad fel hogyn yn trefnu'r cistiau—pedair i gyd, un i bob un ohonom.

Roedd Hannah wedi dianc o flaen pawb i'r llong, ac yn wylo'n dawel. Rywsut roeddem i gyd yn ei galw'n Hannah bellach ac nid Anna. William ddechreuodd yr arferiad cyn iddo ymadael am Dde Affrica.

'Mi fuaswn yn hoffi meddwl dy fod yr un enw yn union â Mam,' meddai. A dyna fu.

Druan â Hannah. Doedd fy ngofid bach i yn ddim i'w gymharu â'i gofid hi. Doedd ganddi mo'r syniad lleia i ble'r oedd hi'n mynd. Doedd hi erioed wedi ymweld â Chymru. Ni siaradai'r un gair o

9

Saesneg, a dim ond ychydig iawn o Gymraeg. Roedd hi byth a beunydd yn cymysgu rhwng 'diolch' a 'dim diolch'. Roedd hyn yn gwneud bywyd yn ddigon anodd iddi ar brydiau ac yn achosi cryn drafferth a hwyl i ninnau.

Roedd yn tynnu at bedwar mis oddi ar i William a Dyfrig ymadael am Dde Affrica i wneud eu ffortiwn, a dim ond un llythyr byr wedi'n cyrraedd, a hwnnw'n llythyr digon diflas. Roedd Rhyfel y Boer yn ei anterth erbyn iddynt gyrraedd yno, ac am fod William yn enedigol o Gymru gorfu iddo ymuno â byddin Prydain Fawr. Doedd dim rhaid i Dyfrig ymuno, ei ddymuniad e oedd dilyn William. Archentwr oedd Dyfrig, fe gafodd e ei eni yn y Wladfa. Roedd deall mai milwyr oeddynt yn loes inni fel teulu a'r 'ffortiwn' arfaethedig yn pellhau o ddydd i ddydd.

O'r diwedd dyma'r llong yn hwylio, y rubanau'n gollwng, y cadachau gwyn yn chwifio, y dagrau'n llifo a phob cysylltiad â'r Wladfa drosodd.

Sefais ar y dec, syllais yn hiraethlon ar y tir, y paith didostur, ac anghofiais am y caledi a'r cyni. Ni chofiwn ond am y cynhesrwydd a'r

Yr *Annie Morgan* yn Buenos Aires

caredigrwydd, a'm ffrindiau na welwn byth mohonynt eto. Roeddwn i'n ymadael am byth, gwyddwn hynny i sicrwydd; roedd y ddawn gennyf o synhwyro'r dyfodol.

Roedd ffarwelio â Johnnie, fy mrawd, a'i deulu bach yn fy mrifo i'r byw. Roeddynt hwythau wedi cael hen ddigon ar y tlodi a'r chwysu, ac wedi penderfynu mynd i Ganada i ddechrau bywyd o'r newydd. Roedd yn rhaid cychwyn o'r dechrau eto yn Llain-las ar ôl y llifogydd. Roedd y tir wedi suro, a'r halen a gariwyd i lawr gyda'r dyfroedd wedi treiddio i mewn i'r pridd. Ond cyn ymfudo rhaid oedd gwerthu Llain-las, ond roedd pawb yn yr un picil—y rhan fwyaf o'r anifeiliaid wedi eu cludo i'r môr adeg y llifogydd. Doedd dim buwch, mochyn nac iâr ar ôl yn Llain-las. Diolch fod y tŷ'n sefyll, roedd cymaint o dai'n chwilfriw, ac ysbryd pawb yn isel. Oni bai fod Johnnie yn heliwr medrus, ac yn adnabod y Paith mor drylwyr, ni fyddai ef, ei wraig a'u dau blentyn fyth wedi gallu dal 'mlaen i fyw yno. Byddent wedi clemio.

Ar ôl cynaeafu cnydau da o wenith yn y gorffennol, roedd yn amhosibl paratoi'r tir i'w hau. Doedd yr un creadur ar ôl yn Llain-las, heblaw'r ci a'r ceffylau—y ceffylau a lusgai'r wagenni tua lloches y bryniau adeg y dilyw, ond doedd neb o'r Cymry yn bwyta cig ceffyl yn y Wladfa.

Roedd Capel Bryn-crwn wedi ei 'sgubo i ffwrdd, ond daliai'r aelodau i addoli ac am fod Llain-las yn dal ar ei draed, wedi gwrthsefyll y storom, cynhelid y cyfarfodydd yno ar y Sul. Deuai pawb â'u bwyd i'w canlyn, a byddai'r 'briwfwyd gweddill', a hyd yn oed ambell dorth gyfan yn cael ei gadael ar ôl i'r teulu. Roedd pob briwsionyn yn dderbyniol. Gadawodd Nhad ryw gymaint o arian i Johnnie ar yr amod na ddefnyddiai yr un ddime ohonynt; arian ymfudo oeddynt, a gwyddai Johnnie mai'r arian hynny oedd ei ddihangfa rhag tlodi ac, o bosib, newyn. Roedd yna blentyn arall ar y ffordd hefyd, Duw a'u helpo.

Sefais ar y dec, a theimlo unigrwydd yn bwn arnaf. Chwiliais am dawelwch yng nghanol yr halibalŵ, ond doedd dim llonydd i'w gael. Rhuthrai pawb fel gwylliaid, pawb yn chwilio am le i orwedd a pherchenogi ei le cysgu.

Llong fechan oedd yr *Annie Morgan*, un o'r llongau hwyliau bach a gludai nwyddau o'r Wladfa i Buenos Aires. Doedd dim cysur i deithwyr; ŷd, gwlân ac anifeiliaid oedd yn bwysig. Rhwng pobol a'u busnes i wneud y gorau o'r gwaethaf. Rhaid oedd cysgu ar lawr ar fatresi celyd, a gofalu peidio â chwyno na chwyrnu. Roedd yn daith anghysurus a dweud y lleiaf. Yn agos i fil o filltiroedd, gan gymryd bron i bythefnos i gyrraedd pen y daith, a hynny os byddai'r elfennau'n caniatáu.

Fedrwn i ddim uno yn y rhuthr, doedd dim ots gen i ym mhle y cysgwn, ac roedd Hannah yn siŵr o fod wedi bachu lle iddi ei hunan a Johnnie bach. Swatiais yng nghornel pellaf y dec—doedd dim cadair ar gyfyl y lle. Erbyn hyn roedd y tir wedi diflannu o'r golwg yn y pellter, y nos yn cau amdanom, a hiraeth yn fy llethu. Ceisiais gysuro fy hun trwy ddychmygu'r bywyd braf a'm disgwyliai yng Nghymru, ond doedd dim yn tycio. Roedd y ffaith yn aros, er gwaethaf pob dychymyg, mai Patagonia oedd fy nghartref, Archentina oedd fy ngwlad—yno mae fy ngwreiddiau, yno mae fy ffrindiau, yno mae bedd fy mam. Ceisiais ysgwyd fy hun o'r felan; erbyn hyn roeddwn wedi mynd yn rhy bell i feddwl troi'n ôl.

Clywais lais yn treiddio o berfedd y tywyllwch.

'Nel, ble'r wyt ti?'

'Dyma fi, Nhad.'

'Beth yn enw pob rheswm wyt ti'n 'i wneud fan hyn?'

'Chwalu meddylie.'

'Wyt ti'n llawer rhy hoff o dy gwmni dy hunan yn ddiweddar. Mwstra wir, cofia rydyn ni i gyd yn dibynnu arnat ti,' meddai â rhyw bigyn bach yn ei lais.

Os oedd pigyn yn ei lais e, roedd pigyn yn fy mron innau.

'Ie, dyna'r drwg, rydw i wedi cael hen ddigon ar bawb yn dibynnu arna i. William yn trosglwyddo Hannah a'i blentyn i'm gofal, a chithe'n disgwyl i mi ofalu ar eich ôl chithe. Does gen i ddim hawl i fywyd fy hunan.'

'Nel fach, paid â siarad fel'na, paid byth â siarad fel'na. Clyw, rydw i yma'n gefen iti, ac mi fyddwn ni'n dau yn gysur i'n gilydd.'

Roedd ei lais wedi meddalu ychydig erbyn hyn, ond doeddwn i ddim wedi meddalu.

Roeddwn i'n tanio erbyn hyn.

'A be wnaethoch chi? Priodi ar y cyfle cyntaf gawsoch chi. A gadael i minne ffeindio fy ffordd fy hunan yn yr hen fyd creulon yma.

A hynny ar ôl i mi aberthu 'mywyd ifanc i gadw tŷ i chi a'r bechgyn am saith mlynedd.'

'Nel fach,' meddai, yn isel iawn ei lais erbyn hyn, 'ddigwyddith hynna byth eto.'

'Na wnaiff, gobeithio. Ac un peth arall, Nhad. Rydw i wedi cael syrffed ar glywed "Nel fach dere, Nel fach cer" drwy'r dydd, bob dydd. Galw arnaf fel pe bawn yn ast fach wedi cael ei disgyblu i ufuddhau. O hyn ymlaen rydw i am gael fy ngalw wrth f'enw iawn, f'enw bedydd—Ellen.'

'Iawn 'merch i, iawn, os wyt ti'n dweud.'

'Rydw i *yn* dweud. A pheth arall, Patagonia pia'r enw "Bwcs". Ar ôl i Johnnie ymfudo i Ganada, fydd 'na neb o'n teulu ni ar ôl yn y Wladfa. Felly, o hyn ymlaen, Ellen Davies fydd f'enw i, a John Davies fyddwch chithe. Mae'r enw "Bwcs" wedi ei alltudio i'r Paith. Ydych chi'n deall?'

'Ydw, Ellen, deall yn iawn. Rydw i'n edrych 'mlaen i ddechrau bywyd newydd mewn gwlad newydd. Ti a fi, Ellen.'

Doedd gen i ddim calon i'w ateb, a doedd gen i ddim o'i ffydd ef yn y dyfodol chwaith.

Pennod II

Cyrraedd Buenos Aires yn flinedig a swrth. Hannah yn sâl ar hyd y daith, yn cyfogi'n ddi-baid, ac yn gwrthod bwyta, dim ond sipian ychydig o ddŵr. Doedd y bwyd ddim yn help chwaith; y cig yn rhy hallt i'w fwyta, y cawl â braster yn nofio ar ei wyneb, a phupur du yn drwch ynddo, er mwyn rhoi tipyn o flas arno. Roedd Johnnie bach yn flin gydol y daith, ac yn amlwg yn diharpo. Doedd y bwyd ddim yn ffit i gi, heb sôn am blentyn.

Roedd cyrraedd Buenos Aires yn rhoi gwefr i mi, gwefr oedd yn llawn hen atgofion diflas. Er hynny, roeddwn yn awyddus i ailgerdded ar hyd yr hen lwybrau. Yn ôl yr awdurdodau roedd gennym dridiau, efallai mwy, cyn ymuno â'n llong. Llong gargo oedd hi, llong stêm, llong gyflym, medden nhw. Ond erbyn hyn roeddwn wedi hen ddysgu i beidio â dibynnu ar beth roedden 'nhw' yn ei ddweud. Llong yn

Hannah a Johnnie bach, Ellen a William ym Mhatagonia
(cyn i William ymfudo i Affrica)

cludo gwlân oedd hi, ac roedd lle i ryw ddwsin o deithwyr arni hefyd. Roedd yn rhatach teithio felly, a gwyddai Nhad am bob tric i arbed y geiniog.

Erbyn hyn, doeddwn i ddim yn hidio ffeuen sut y byddem yn teithio, ac fe ddaeth hen syniad bach slei i mi fwy nag unwaith, y syniad o aros yn Buenos Aires i chwilio am waith, ond roedd y cyfrifoldeb a wthiwyd arnaf gan William yn gwahardd hynny. Roedd Hannah a'i phlentyn yn dibynnu arna i, ac mewn awr wan teflais fy rhyddid i'r pedwar gwynt. Roedd Nhad yn graddol olchi'i ddwylo o'r holl fusnes.

'Ddylet ti erioed fod wedi addo iddo. Os nad oedd e'n gallu edrych ar eu holau, fe ddylai fod wedi eu gyrru 'nôl at eu tylwyth yn Chile.' A throdd ei gefn yn ddiamynedd gan godi ei ysgwyddau mewn protest fud.

Ond roeddwn wedi penderfynu gwneud y gorau o'r gwaethaf, a gwneud yn fawr o'r tridiau yn Buenos Aires. Roeddem yn aros mewn llety rhad a di-raen nid nepell o'r lanfa. A chan mai Sbaeneg oedd iaith pawb yno, doedd dim angen i mi fod yn dafod i Hannah.

Roedd Hannah, y plentyn a minnau'n cysgu, bwyta a byw yn yr un stafell fechan foel. Y bore cyntaf yno, codais yn fore, gan ddweud wrthi y byddwn yn mynd mas ac na fyddwn 'nôl tan yr hwyr. A dyma hi'n dechrau crio, bloeddio crio, nid y snwffian tawel arferol.

'Rydw i'n sâl, sâl iawn, a fedra i ddim edrych ar ôl Johnnie. Mae pawb yn gas wrthyf i,' meddai.

'Paid â siarad yn hurt, Hannah. Rydw i yma i edrych ar dy ôl di,' meddwn i, mor dawel a chysurlon ag y medrwn.

'Rydw i eisiau William, fedra i ddim byw heb William.'

'Wel, fedri di ddim cael William,' meddwn, gan ddechrau colli f'amynedd erbyn hyn. 'Mae hwnnw yn Ne Affrica'n chwarae soldiwrs.'

Gyda bod y geiriau allan roedd yn edifar gennyf, ac addewais ddod 'nôl yn gynnar yn y prynhawn i fynd â Johnnie mas. Ond roeddwn yn benderfynol o gael ychydig oriau i mi fy hun i grwydro'r ddinas ac i hel atgofion.

Ac am y tro cyntaf yn fy mywyd penderfynais deithio mewn tram. Roedd gen i rai milltiroedd cyn cyrraedd canol y ddinas, a dyma fentro arni gan obeithio y byddai gennyf ddigon o bres i dalu amdano. Roedd tri thram yn sefyll yn amyneddgar ar y sgwâr, a dewisais yr un â'r ceffyl du, llamsachus ei olwg, oedd yn ei dynnu. Un tebyg iawn i un o geffylau Llain-las. Agorais y drws yn betrusgar ac i mewn â fi. Edrychodd y gyrrwr yn amheus arnaf, a gofyn mewn llais cras,

'I ble?'

Atebais innau gan sgwario f'ysgwyddau,

'I ganol y ddinas.'

'I ble yno?' gan edrych arnaf i fyny ac i lawr.

'I ganol y ddinas,' meddwn wedyn.

'Aros lle'r wyt ti,' meddai mewn llais awdurdodol.

Ac yno y bûm yn aros am tua hanner awr; yntau wedi cloi drws y tram erbyn hyn, a minnau heb ddihangfa. Ond pan ddaeth gŵr a gwraig arall i'r tram, o'r diwedd penderfynodd y boi gychwyn ar y daith. Ac fe gefais dipyn o syndod wrth wrando ar y ddau'n siarad. Roeddwn i'n canmol fy hunan fy mod i'n siarad, darllen a deall Sbaeneg yn ddigon da erbyn hyn. Wedi'r cyfan, roeddwn wedi byw yn Buenos Aires am flwyddyn gron, ac yn gorfod siarad Sbaeneg â Hannah bob gair bob dydd. Ond fedrwn i yn fy myw ddeall eu sgwrs.

Ond roedd gen i bethau pwysicach i'w gwneud na siarad â nhw. Doeddwn i ddim wedi bod 'nôl yn Buenos Aires oddi ar i mi adael, ddeuddeng mlynedd yn ôl. Roedd cymaint wedi newid, mwy o bobl, mwy o gerbydau a mwy o sŵn. Roedd yn gynnar yn y bore, cyn wyth o'r gloch, a welais i 'run buwch ar y stryd, fel yn y dyddiau gynt. Yr arferiad yr adeg honno oedd gyrru'r gwartheg drwy'r stryd, eu godro yn y fan a'r lle, a byddai'r gwragedd yn mynd allan â'u piseri i'w llenwi â'r llaeth ffres. Dyna'r unig ffordd o sicrhau llaeth heb ei suro, achos yn y gwres llethol byddai'r llaeth ffres hwnnw wedi cawsu cyn nos. Dyna pryd y dechreuais i yfed te heb laeth; roedd llaeth sur yn codi cyfog arnaf. Ond roeddwn i'n siomedig iawn o weld diflaniad y gwartheg, a mentrais ofyn i'r wraig yn y tram o ble'r oedden nhw'n cael eu llaeth y dyddiau hyn.

'Wn i ddim,' meddai, a dyna ddiwedd ar y sgwrs. O leiaf, mi ddeallais gymaint â hynny.

Ond roedd y mulod bach yno. Roedden nhw'n dal ati, yn trotian yn ddi-baid, lawr a lan, lan a lawr o stryd i stryd, a'r dyn â'i chwip yn gofalu na fyddent yn cael hoe hyd nes i'r gwaith ddod i ben. A'u gwaith? Gyda help y mulod hyn byddai'r ffermwyr yn corddi. Byddai'n arferiad ganddynt arllwys hufen sur i mewn i ddau biser mawr, rhoi'r piseri mewn bagiau lledr, eu clymu wrth y mul, un bob ochr a'u gyrru 'nôl a mlaen, weithiau am oriau, a'r hufen yn lwtsian nes iddo droi'n fenyn. Ei gyweirio wedyn ar ochr y ffordd a'i werthu'n ffres i'r cwsmeriaid.

Ond fydden ni, bobol y Wladfa, byth yn corddi yn y ffordd gyntefig yna; bydden ni'n troi a throi a throi'r hufen mewn buddai, weithiau am awr gyfan. Cyndyn yw'r hufen i droi'n fenyn mewn gwlad boeth, ond mwy cyndyn fyth oedd y Cymry i ollwng eu hen arferion Cymreig.

Ond dyma'r ceffyl yn sefyll yn stond a ninnau ar fin cyrraedd y stryd fawr, Avenida Julioq, y stryd a enwid i goffáu sefydlu Archentina fel gwlad annibynnol, a hynny ar 9 Gorffennaf 1828. Aeth y dyn a'i wraig mas. Eisteddais innau heb symud.

'*Afuera*,' meddai'r gyrrwr yn surbwch, a dal ei law am yr arian yr un pryd; ond doeddwn i ddim yn barod i fynd allan.

'*Afuera*,' meddai'n uwch y tro yma, a phenderfynais mai gwell fyddai ufuddhau. Rhoddais iddo bron y cyfan o'r pres oedd gen i, gan ddisgwyl newid.

'*Gracias*,' meddai, gan ddangos rhes o ddannedd pwdr a gwenu am y tro cyntaf. Rhoddodd chwip i'r ceffyl ac i ffwrdd â nhw mewn cwmwl o lwch, gan fy ngadael innau'n dal fy llaw am y newid. Dysgais wers arall; rhaid oedd dadlau a bargeinio *cyn* cychwyn ar daith mewn tram yn Buenos Aires.

Doedd gen i ddim ffydd yn y Sbaenwyr; Pabyddion oedden nhw, bob copa walltog. Roedden ni wedi dioddef digon, a gormod, ganddyn nhw yn y Wladfa. Roedden nhw byth a beunydd yn dannod i ni mai nhw, a neb arall, oedd yn berchen ar bob cornelyn yn Ariannin, gan gynnwys y Wladfa, ac yn gwatwar ein hacen Gymraeg wrth siarad Sbaeneg. Trwy lwc, roedd digon o Gymry dylanwadol yn Nyffryn Camwy i herio eu hawdurdod a'u crefydd.

Cefais fy ngollwng i lawr gyferbyn â gatiau'r Plaza; doedd dim gatiau yno ddeuddeng mlynedd yn ôl, dim ond cae agored, y gwartheg a'r mulod yn pori yno, a'r rheini'n cael eu bugeilio gan blant bach troednoeth. Ond erbyn hyn doedd dim un creadur i'w weld, a choed a blodau wedi cymryd eu lle. Yn yr hen ddyddiau, deuwn i lawr yma bron bob dydd Sul ac eistedd ar y glaswellt yn rhythu ar y gwartheg, gan hiraethu am y saith buwch a adewais ar ôl yn Llain-las. Er 'mod i yng nghanol tref fawr roedd rhyw heddwch anesboniadwy yma—yr heddwch nas ceir ond yn y wlad ymysg creaduriaid y ffarm. Yma y deuwn i ddarllen fy Meibl, fy Llyfr Tonau, a mwmian canu wrthyf f'hun. Yma hefyd y deuwn i ddarllen fy llythyrau o gartref, eu darllen a'u hailddarllen, a'u darllen wedyn, ac i sgrifennu pwt 'nôl at fy nheulu, ac at fy ffrindiau, mewn pensil piws. Fedrwn i ddim fforddio prynu inc, a fedrwn i ddim fforddio'r amser chwaith i ddarllen a sgrifennu unrhyw adeg arall o'r wythnos.

Roedd y Sul yn rhydd, fi oedd piau'r Sul—a hynny am fy mod wedi sefyll yn gadarn dros f'egwyddorion a gwrthod torri'r Sabath. Os oedd fy mrodyr yn ddigon dewr i herio llywodraeth Ariannin, yn ddigon dewr i fynd i garchar am wrthod gwneud ymarfer milwrol ar y Sul, teimlwn ei bod yn rheidrwydd arna innau hefyd wrthsefyll y tordyn tew oedd yn fy nghyflogi, a mynnu'r Sul yn rhydd.

Ond gorfu i minnau ddioddef hefyd. Gorfu i mi weithio dwy awr yn ychwanegol bob dydd am chwe niwrnod. Codi am chwech, cychwyn gwaith am hanner awr wedi, hanner awr i ginio, ac yna gweithio mlaen tan wyth o'r gloch y nos. Roedd y merched eraill yn gorffen gweithio am chwech.

Ac am y chwe mis olaf gweithiwn tan ddeg bob nos a chael fy nhalu am y ddwy awr ychwanegol. Roedd yn *rhaid* imi ennill tipyn o arian er mwyn prynu peiriant gwnïo i mi fy hunan. Yna syrthio'n swrth i'r gwely bob nos yn syth o'r gwaith, yn rhy flinedig hyd yn oed i freuddwydio, a chodi am chwech drannoeth heb ddadflino.

Ond ar y Sul, y Plaza oedd fy nihangfa. Yno ymysg y gwartheg y profwn y llonyddwch nas cawn ymysg pobl. Y llonyddwch hwnnw i fyfyrio a synfyfyrio, ac amser i ddod i delerau â mi fy hun.

Ond roedd pethau wedi newid. Roedd yn well gennyf y mulod a'r gwartheg na'r blodau. Er hynny, roedd yma un gwelliant. Roedd yma seddau, a doedd dim rhaid eistedd ar y glaswellt fel cynt.

Eisteddais yno yn yr haul cyn mynd mlaen i chwilota a stwyrian. Ond tra oeddwn yn eistedd yno daeth dwy ferch digon copa-dil i rannu'r sedd â mi. Ac er mawr syndod, dyma'r ddwy yn tynnu sigarennau allan o baced, tanio matsien a smygu. Fedrwn i ddim coelio fy llygaid. Roedd ambell fachgen mwy ffasiynol na'i gilydd wedi dechrau ar y sigarennau yn y Wladfa. Roedd hynny'n creu tipyn o hwyl a thynnu coes; pibell neu gnoi baco oedd y ffasiwn yno. Ond merched yn smygu? Roedd y peth yn ymylu ar fod yn anfoesol.

Edrychais yn gilwgus arnynt, pesychais yn swnllyd, gan gogio fod y mwg yn llenwi fy stumog. Codais yn urddasol a cherdded yn benuchel i ffwrdd. Hwythau'n pwffian chwerthin eu dwy. Doedd e ddim yn atgof i'w drysori.

Pennod III

Fy mhrif bwrpas y bore hwnnw oedd ymweld â'r siop a'r tŷ gwnïo, lle bûm yn brentis am flwyddyn gron ddeuddeng mlynedd yn ôl. Dyna'r flwyddyn fwyaf melltigedig a dreuliais erioed. Roedd Nhad wedi ail-briodi pan oeddem ar ein gwyliau yng Nghymru, a fedrwn innau ddim rhannu cegin a chartref â'r wraig newydd. A finne wedi bod yn feistres yn Llain-las byth oddi ar i Mam farw. Wyddai hithau ddim am galedi'r Paith, ac am ein ffordd gyntefig o fyw. Fe geisiodd newid y drefn, ond methodd, a bu farw o dorcalon cyn pen dwy flynedd.

18

Roedd yn rhaid i mi ymadael, ac roeddwn yn barod i ddioddef er mwyn ennill fy annibyniaeth. Felly doedd dim amdani ond hel fy mhac a throi fy ngolygon tua'r ddinas fawr.

Ond mae'n rhaid imi gyfaddef, er gwaetha'r dioddef, i mi ddysgu sut i wnïo, i dorri allan, ac i orffen dilledyn yn hollol broffesiynol— diolch i Enrico Tevedo, ei wraig lygad-barcud, a'i was bach cario-pob-clep, Roberto.

Ar ôl chwe mis cefais ddyrchafiad i fod yn dorrwr dillad, ond heb gyflog, dim ond fy nghadw. Ac oni bai am ambell gelc yn llythyr William, fy mrawd, fyddai 'da fi ddim dime goch y delyn ar f'elw.

Byddai gan y merched oedd yn rhannu stafell wely â mi storïau carlamus am y Bòs—Cerdo fyddem yn ei alw yn ei gefn, a rêl hen fochyn oedd e hefyd. Rwy'n cofio Maria, hogen fach ddel iawn, yn cael dyrchafiad sydyn, cael mynd i weithio yn y siop a chael cyflog da.

'Pam, Maria?' meddwn i'n ddiniwed. Rhagor o bwffian chwerthin, a siarad â'u llygaid, a doeddwn innau fawr callach.

Ond fe synhwyrais fod yna berygl o du'r Cerdo, a byddwn yn ymwybodol ofalus o beidio gwenu arno ar unrhyw adeg, dim ond edrych yn fwrllwch a chario mlaen â 'ngwaith.

Ond fe ddes i wybod ystyr y chwerthin a'r ensyniadau cyn diwedd fy mhrentisiaeth. Yr wythnos olaf un oedd hi a minne'n gweithio'n hwyr bob nos i orffen ffrog briodas. Fe gawn dâl am wneud hyn, ac roedd yn werth yr ymdrech. Ac ar nos Iau, tua deg o'r gloch, a minne ar ben fy hun, daeth y Cerdo i mewn. Roedd yn hynod o debyg i fochyn hefyd—yn fawr ac yn dew, a'i fol yn hongian yn llac fel pe bai'n rhan o'i goesau ac nid o'i gorff. Roedd ganddo drwch o wallt du, seimllyd, a mwstás yn cuddio ei wefl uchaf, a llygaid bach yn union fel llygaid mochyn. Daeth i'r stafell yn llechwraidd.

Roeddwn ar fy nhraed ar y pryd. Cydiodd ynof yn sydyn a'm hamgylchynu â'i freichiau nerthol. Gwasgodd fi yn erbyn y wal, a'i hen ddwylo budr yn crwydro i bob man ond lle dylen nhw, a'i wefusau gwlyb, drewllyd, yn chwilio am fy ngwefusau i. Fedrwn i ddim symud. Ceisiais weiddi, ceisiais sgrechian, ond doedd gen i ddim llais. Ceisiais gicio, ond roedd ei goesau a'i freichiau yn fy nal fel feis.

Teimlwn fy hun yn llewygu, ond trwy ryw wyrth llwyddais i ryddhau un fraich, ac â'm holl nerth rhoddais dro i'w hen drwyn a rhoi plwc i'w fwstás yr un pryd. Rhoddodd waedd, a dweud dan ei anadl, *'Diablo!'*

Gollyngodd fi'n rhydd, ond nid cyn rhwygo fy mlows. Daeth fy llais 'nôl yn ddigon clir i'w alw yn 'Cerdo'—yr hen fochyn budr.

Roeddwn yn crynu fel un yn dioddef o'r palsi, ond er gwaethaf y sioc a'r dyrnodio, teimlwn mai fi oedd y concwerwr yn y pen draw. Rhoddodd hynny ryw foddhad imi, rhoi rhyw deimlad cynnes o'r tu mewn i mi. Gwyddwn hefyd yn reddfol, hyd yn oed pe bawn yn aros ymlaen am flwyddyn arall, na ddeuai yr un helbul i mi byth wedyn o gyfeiriad y Cerdo. Ond y Mochyn gafodd y gair olaf. Roeddwn yn ymadael y Sadwrn canlynol, ond chefais i mo'r tâl oedd yn ddyledus i mi am gynllunio a gweithio'r ffrog briodas. Chefais i ddim tystysgrif chwaith i brofi fy mod wedi gorffen fy mhrentisiaeth yn llwyddiannus. Roeddwn yn dibynnu ar yr ychydig arian i dalu am fy mhàs yn ôl i'r Wladfa, ond doedd colli'r dystysgrif yn poeni dim arna i. Roedd pawb yn f'adnabod yn y Wladfa, ac mi fyddai Nel fach y Bwcs yn siŵr o waith yno.

Hen atgofion anghynnes felly oedd yn cordeddu yn fy mhen ar y ffordd i'r siop. Roeddwn yn benderfynol o ymweld â'r lle unwaith eto, cyn ffarwelio ag Ariannin. Hen ysfa ddieflig o bosib.

Doedd gen i ddim arian i brynu defnydd o unrhyw fath—gofidiwn am hynny, achos roedd ei ddewis o ddefnyddiau y gorau'n y wlad. Cyrhaeddais y stryd, ond methu dod o hyd i'r siop. Siom! Ond yn sydyn gwelais siop ddefnyddiau, hynod lewyrchus yr olwg, ac o syllu uwchben y drws gweld yr enw Enrico Tevedo. Ie, dyna hi.

Roedd y ffenestri bychain wedi diflannu, gyda ffenestri mawrion yn eu lle; un ffenest yn dangos pob math o ddefnyddiau drudfawr—sidan, merino, ac yn y blaen, a cherflun o ferch mewn gwisg briodas yn llenwi'r ffenest arall. A minnau'n dal i ail-fyw y noson y bûm innau'n gwnïo ffrog briodas yn yr union siop yma, a'r profiad hwnnw yn dal i suro f'ysbryd.

Cerddais i mewn yn betrusgar. Canodd cloch yn y pellter, tu hwnt i'r siop; daeth hogen fach ddel i'r golwg, a chofiais am Maria. Gofynnais am rîl o edau lin, a phan oeddwn ar fin talu, dyma fe, y dyn ei hun, Enrico Tevedo, y Mochyn, yn cerdded i mewn o'r cefn. Edrychais yn syth i'w lygaid, yn herfeiddiol, yn eofn, a chefais bleser slei o sylwi fod ei ben bron yn foel, a bod ei fwstás du trwchus yn awr yn llwydaidd denau. Roedd y bol yr un fath o hyd. Edrychodd yntau arnaf innau am eiliad neu ddwy, a gwelais adnabyddiaeth yn ei lygaid bach cyfrwys. Daliais i edrych arno. Syrthiodd ei olygon, ac edrychodd ar i lawr. Ddwedodd ef na mi yr un gair—ond gwyddwn yn hollol siŵr fod atgofion o'r noson chwerw honno yn fyw yn ei gof.

Cefais newid gan yr eneth ddel. Dwedais 'Gracias', a cherdded allan yn benuchel, ond yn y drws cymerais gip 'nôl, gan wenu arno mor wawdlyd a dirmygus ag y medrwn. Y Mochyn! Roeddwn yn falch 'mod i'n gwisgo fy nillad gorau y diwrnod hwnnw.

Ar fy ffordd 'nôl i'r lojin, rhaid oedd imi gerdded bob cam; doedd gen i ddim digon o bres i dalu am fy nghario. Penderfynais alw i weld yr Eglwys Babyddol. Awn yno ar y Sul i eistedd ar y grisiau y tu allan, a gwrando ar y canu, yn debyg iawn i'r Indiaid yn gwrando ar y canu y tu allan i Gapel Bethel yn y Gaiman. Erbyn heddiw roeddwn yn fwy hyderus, ac ni fedrwn lwyr gytuno â Nhad a gredai mai pagan oedd pob Pabydd. Er mai dydd Gwener oedd hi, roedd yr eglwys yn llawn, a phobl digon tlodaidd yr olwg ar eu penliniau'n gweddïo. Roedd eraill wrthi'n cyfrif eu paderau. Dyna'r tro cyntaf i mi weld hynny. Roeddwn wedi clywed am y ddefod wrth reswm—'prawf o baganiaeth' oedd barn bendant Nhad am yr arfer, ond roedd yn ymddangos yn ddefod ddigon diniwed i mi.

Sefais yn syfrdan y tu mewn i'r drws, wedi fy ngwefreiddio gan ysblander y lle: y ffenestri lliw, y cerfluniau mawr, cerflun o'r Crist ei hun ar y Groes yn gwisgo'r goron ddrain, a'r hoelion i'w gweld yn ei draed a'i ddwylo. Nid paganiaid oedd y bobl yma, a theimlais gywilydd o'm hen syniadau cul—cywilydd fy mod wedi gwrando ar fy nhad, a hiraeth am na faswn wedi mentro i'r eglwys pan oeddwn yn crwydro'r ddinas yn unig a digysur ddeuddeng mlynedd yn ôl. Cofiais mai Pabydd oedd Hannah hefyd, er nad oeddwn erioed wedi dangos iddi fy mod yn gwybod. Addewais i William pan ddaeth â hi i Lain-las y tro cyntaf hwnnw, yn wraig ifanc briod, na ddwedwn wrth undyn byw ei bod yn Babydd. Ac er mawr glod iddi hithau hefyd, ddangosodd hi erioed mewn gair na gweithred ei bod yn Babydd. Deuai gyda ni i Gapel Bryn-crwn, âi drwy yr un stumiau â ni, er na ddeallai yr un gair o'r gwasanaeth.

Cofiais yn sydyn fy mod wedi addo mynd â Johnnie bach am dro, a rhuthrais oddi yno. Roedd plant bach yn dal i fegera ar risiau'r eglwys—plant bach troednoeth a charpiog fel cynt. Teflais geiniog i'w canol, ac roedd eu gweld yn sgrialu a chweryla am yr un geiniog honno yn destun tosturi.

Cyrhaeddais y tŷ lojin yn flinedig a di-hwyl mewn pryd i fynd â Johnnie mas. Roedd Nhad yn fy nghyfarfod ar ben y drws, â golwg wyllt arno.

'Ellen, ble yn y byd mawr wyt ti wedi bod?'

'Pam? Be sy?'

'Mae Hannah yn ddwl-bared-bost. Mae hi wedi colli ei phwyll.'

'Colli ei phwyll? Amhosibl,' meddwn i, yn methu credu.

'Ar fy ngwir, Ellen.'

'Be sy'n gwneud i chi gredu hynny?'

'Mae ar ei gliniau ar lawr yn cyfrif ei phaderau.'

Pennod IV

Nid ar ei gliniau yr oedd Hannah, ond yn hanner gorweddian ar lawr, y paderau yn ei dwylo, ei llygaid ynghau, ac yn mwmian geiriau annealladwy. (Deellais wedyn mai Lladin oedd yr iaith.) Wedi'r cyfan, cafodd ei chodi'n Babydd o'r crud, priodwyd hwy mewn eglwys Babyddol yn Buenos Aires, a hynny'n gwbwl groes i ddymuniad William. Ond doedd William fawr o gapelwr, a gwaith cymharol hawdd oedd perswadio llanc mewn cariad i ufuddhau i ymbil ei gariadferch.

Rhaid bod ei chariad at William yn frwd a didwyll, cyn iddi nid yn unig gefnu ar ei gwlad a'i thylwyth, ond ar ei chrefydd hefyd. Oddi ar inni ymadael â'r Wladfa roedd ei hiraeth ar ôl William wedi cynyddu'n aruthrol, gymaint nes iddo effeithio ar ei hiechyd, a hyd yn oed mynd mor bell ag esgeuluso ei phlentyn bach! William oedd ei holl fyd.

A dyna lle'r oedd hi mewn gwewyr yn galw ar ei Duw. A minnau yr adeg honno, er mawr gywilydd imi, yn methu derbyn y ffaith mai 'run oedd ein Duw ni a Duw'r Pabydd. Daeth Nhad i mewn i orlenwi'r stafell gyfyng, a dyma hwnnw, fel pe tai'n mynnu cystadlu â Hannah, yn gweddïo nerth ei ben.

'O Arglwydd yr holl ddaear, achub Hannah rhag ysbrydion y fall. Dyro nerth inni wrthsefyll temtasiynau'r diafol.'

Fedrwn i ddim dal rhagor. Ffrwydrais!

'Nhad, byddwch ddistaw, rhag cywilydd i chi. Nid dyma'r amser i weddïo, a chau eich llygaid ar y presennol. Mae Duw yn helpu'r rheini sy'n helpu eu hunain.'

'Ond be fedra i 'i wneud?'

'I gychwyn, ewch â Johnnie bach mas.'

'Mas i ble?'

'I rywle o fan hyn.'

Roedd y bychan hwnnw yn eistedd ar y gwely ac yn boechan ei chalon hi. Roedd yn amlwg nad oedd wedi ei fwydo ers oriau. Roedd hi fel bedlam yno, a rhaid oedd gweithredu.

'Nhad, ewch i chwilio am rywbeth iddo i'w fwyta, a hynny ar unwaith. A pheidiwch â dod 'nôl am o leia awr. Brysiwch!'

Ac er syndod, ufuddhaodd heb ddweud bw na be. Yn bendant roedd fy nhad yn heneiddio, neu ni fyddai byth wedi plygu mor ufudd i'r drefn, a chefais eiliad o bryder wrth i mi sylweddoli hynny.

Ond doedd dim amser i hel meddyliau. Hannah oedd fy mhryder a'm cyfrifoldeb ar y foment.

'Hannah, cwyd ar dy draed ar unwaith a stopia'r sterics a'r randibŵ 'na.'

Ufuddhaodd Hannah hefyd. Roeddwn yn wraig o awdurdod! A synhwyrais fuddugoliaeth!

'Nel, mae'n rhaid i mi gyfaddef y gwir wrth rywun. Mae'n rhaid i mi.'

'Reit, mas ag e. Rwy'n gwrando.'

Edrychodd ym myw fy llygaid a dweud gyda phendantrwydd a hyder, nodweddion oedd yn ddieithr iawn iddi hi,

'Ellen, rydw i'n Babydd.'

'Wyt, mi wn—dyna i gyd sydd gyda ti i'w ddweud?'

'Sut yn y byd . . .?' Methodd ddweud mwy.

'Fe ddwedodd William wrtho i, cyn i chi erioed briodi.'

Roedd sôn am William yn ormod iddi, a dyma ailddechrau gweiddi ar *Pater Noster*, a chyfri'r paderau unwaith eto.

'Hannah,' meddwn mor amyneddgar ag a fedrwn, 'gwranda arna i. Rhaid i ti, os wyt am ddod gyda ni i Gymru, guddio'r paderau, a'u cyfri yn y dirgel; rhaid i ti hefyd guddio'r groes rwyt ti'n ei gwisgo am dy wddf. Dyw Cristnogion 'run fath â ni ddim yn gwneud pethe fel'na.'

'Ond, Ellen, rydw i *yn* Gristion.'

Oedd, wrth gwrs, yr oedd hi'n Gristion. A chofiais am yr Indiaid. '*Cristianos*' oedden nhw'n galw'r Pabyddion, y Sbaenwyr a fu mor greulon wrthynt. 'Y Brodyr' oedd eu henw ar y Cymry; a rywsut yn fy meddwl bach i doedd *Cristianos* ddim yn gyfystyr â Christnogion.

Cododd ton o drueni drosof; trueni dros Hannah, trueni dros Johnnie bach, trueni drosom i gyd. Beth ddeuai ohonom? Ac yn gymysg â'r trueni hwn, cododd dicter ei hen ben hyll hefyd. Dicter at William.

William fy mrawd, a fu mor ffeind a charedig wrthyf dros y blynyddoedd, yn gallu achosi'r fath ofid a chwithdod i'w deulu. Sut yn y byd mawr y medrodd eu gadael? Eu gadael ar drugaredd ei deulu, y byddai'n well ganddynt hebddynt; eu gadael i fynd i wlad estron, saith mil o filltiroedd i ffwrdd, a hithau druan fach heb ddeall yr iaith ac, yn waeth na'r cyfan, yng nghwmni pobol oedd yn dilorni ei chrefydd.

Yn sydyn daeth syniad i mi o ganol y caddug.

'Hannah, fyddai hi ddim yn well pe baet ti a Johnnie'n aros yma yn Buenos Aires? Dyma dy wlad di, dyma dy bobl di, y bobl sy'n siarad yr un iaith â thi.'

'Nage, Chile yw 'ngwlad i.'

'Ond, Hannah, mae Buenos Aires yn nes at Chile nag yw Cymru, ac mi fedri di fynd i Chile yn hawdd iawn oddi yma.'

'Dwi ddim eisiau mynd i Chile.'

'Ond, Hannah, beth am dy dad a'th fam? Yno mae dy gartre di.'

'Nage, gyda William mae 'nghartre i, ac mae e'n dod 'nôl i Gymru.'

'Ond, Hannah, beth os . . .?'

Ches i ddim gorffen y frawddeg cyn ei bod yn bloeddio gweiddi,

'Mae William *yn* dod 'nôl—mae'n *rhaid* iddo.'

'Does dim *rhaid* gwneud dim yn yr hen fyd yma, Hannah, dim ond marw.'

Mi fase'n gallach i mi fod wedi cau fy ngheg. Rhoddodd y gair 'marw' esgus arall am ragor o wylofain a rhincian dannedd.

Roeddwn wedi cael hen ddigon erbyn hyn. Fedrwn i ddim dioddef rhagor, ac allan â fi o sŵn y nadu a'r sterics. Ond wrth fynd allan dwedais yn chwyrn, heb rithyn o gydymdeimlad yn fy llais,

'Da thi, cuddia'r paderau a'r groes neu mi fydd yn *rhaid* iti aros yn Buenos Aires.'

Es allan i ben drws i gael chwa o wynt; roedd awyrgylch yr ystafell fechan gaeth yn llethol, a wylofain Hannah yn dal i chwyrlïo yn fy mhen. Roedd y dyfodol yn fy nychryn. Ie, ei pherswadio i aros yma fyddai'r ateb synhwyrol, yn wir, yr unig ateb. Roedd hi'n gyfarwydd â'r ddinas; yma y cafodd ei haddysg mewn ysgol Babyddol. Yn ôl a ddeellais oddi wrth William, roedd ei thad yn farsiandïwr cyfoethog, ac yn awyddus i'w ferch, ei unig ferch, gael yr addysg orau. Roedd ei brawd hefyd mewn ysgol arall i fyddigions nid nepell oddi wrth ei chwaer. Dod i adnabod ei brawd wnaeth William gyntaf, roedd y ddau'n cystadlu yn erbyn ei gilydd mewn ras geffylau. William a orfu, fe ddaeth yn arwr iddi, ac fe syrthiodd yn bendramwnwgl mewn cariad ag e yn y man a'r lle. A doedd hi ddim yn debygol y byddai'n syrthio allan o gariad chwaith.

Yn sydyn, daeth syniad arall imi; beth pe baen ni'n dwy yn aros yn Buenos Aires? Gwyddwn fod celc go lew gan Hannah. Roedd hi wedi gwarchod yn ofalus ran helaeth o'r arian a roddodd ei thad iddi fore'r briodas. Rhoddodd ran ohono i William a Dyfrig i'w hwyluso ar eu hantur wallgo' i Dde Affrig. Roedd hi'n ferch ofalus-glòs o'i harian, ni wariai ond ar hynny oedd raid, ac roedd ganddi ddigon o ddillad costus, ffasiynol i bara iddi am ei hoes.

Ond fedrwn i ddim byw ar arian Hannah. Mi fyddai'n rhaid i mi gael gwaith a byddai'n rhaid i Hannah a'i phlentyn ymlwybro'n ôl at ei theulu yn Chile. Ond roedd anhawster ynglŷn â hynny hefyd; roedd hi wedi torri pob cysylltiad â'i theulu o'r diwrnod y priododd â William. Arhosodd ei thad yn Buenos Aires i wneud yn siŵr eu bod yn priodi, a hynny mewn Eglwys Babyddol. Aeth i'r gwasanaeth, ac ar derfyn y seremoni rhoddodd swm o arian iddi gan ddweud ei fod ef a'i mam wedi gorffen â hi am byth. Doedden nhw byth, bythoedd eisiau ei gweld hi wedyn. Ond doedd dim ots gan Anna, fel y'i gelwid yr adeg honno, roedd William yn fwy na digon iddi.

Chlywodd hi yr un gair oddi wrth ei rhieni na chynt na chwedyn. Fe wadodd hithau hefyd ei theulu, ei gwlad a'i chrefydd, ac yn ôl pob ymddangosiad heb rithyn o gydwybod na hiraeth.

Tan heddiw.

Sefwn ar ben drws yn pendroni a synfyfyrio pan welais Nhad a Johnnie bach yn cerdded tuag ata i. Chwerddais yn uchel wrth weld y bychan yn gocyn coch ar ysgwyddau fy nhad, ac yn cnoi ar dorth oedd bron cymaint ag ef ei hun. Roedd y plentyn ar ei gythlwng.

'Dim ond un siop oedd ar agor, a dim ond bara oedd 'da nhw i'w werthu. Pawb yn cael *siesta*.'

Wrth gwrs, *siesta*, yr arfer o orwedd bob prynhawn i orffwys. Fedrwn i ddim deall eu harferion, esgus i ddiogi oedd hyn i mi; doedd gan bobl y Wladfa ddim amser i fynd i'r gwely bob prynhawn. Roedd ganddyn nhw reitiach gwaith i'w wneud.

'Ydy *hi* wedi dod at 'i hunan?'

'Nag ydy.'

'Yn enw popeth, Ellen, mae'n rhaid ei . . .'

'Gwrandewch, Nhad, mae Hannah yn wirioneddol sâl, a rhaid inni ei thrin yn ofalus, yn ofalus iawn.'

'Mae wedi colli arni ei hunan, roedd hi wrthi'n cyfri paderau.'

'Pabydd yw Hannah, Nhad.'

'Pabydd? Pam na fasai rhywun wedi dweud wrtho i am hyn?' meddai, a'i lais yn codi yn uwch ac yn uwch.

'Roedd arni ofn dweud.'

'A beth am William? Hwnnw hefyd, fy mab fy hunan wedi fy nhwyllo.'

'Wnaeth neb eich twyllo, Nhad. Ofynnoch chi iddi erioed beth oedd ei chrefydd? Naddo, doedd 'da chi ddim diddordeb.'

'Ond roedd hi'n dod gyda ni i'r Capel. Beth pe bai pobol Bryn-crwn yn dod i wybod am hyn?'

'Dyna chi eto, Nhad, poeni am farn pobol. Beth yw'r ots be maen nhw'n ei ddweud? Mwy na thebyg welwch chi na hithau mo Bryn-crwn byth eto.'

'Rhaid i aelodau Clos-y-graig beidio â chlywed am hyn.'

'Rhaid i chi ddim poeni, wnaiff Hannah ddim halogi'r capel hwnnw â'i phaderau chwaith.'

'Rydw i *yn* poeni, Ellen.'

'Rwyf am geisio ei pherswadio i aros yma, a dychwelyd i Chile at ei theulu, os yn bosib.'

'Da iawn wir, Ellen, syniad da. Dyna'r unig ateb, treia dy orau, 'merch i.'

26

Yna saib, cyn imi daro'r ergyd.

'A rydw innau'n bwriadu aros yma gyda hi.'

Edrychodd arna i'n hurt. Roedd ei geg ar agor, ond ni ddaeth unrhyw sŵn allan. Aeth i edrych yn hen yn sydyn. Sylwais fod ei ysgwyddau'n crymu a'i lygaid yn bŵl. Teimlwn drueni drosto.

'O wel, fe gawn weld,' meddwn innau mor sionc fy llais ag y medrwn.

'Ellen, paid byth â 'ngadael i, fedra i ddim byw hebot ti. Ti yw'r unig un sydd ar ôl 'da fi mwyach.'

Troais ar fy sawdl, fedrwn i ddim trystio fy hun i'w ateb, ac i ffwrdd â fi am dro i gael heddwch i feddwl, a cheisio rhoi trefn ar fy mywyd fy hun.

Pennod V

Crwydrais ar fy mhen fy hun gan bendroni a hel meddyliau. Yn lle teimlo tosturi dros fy nhad, fel y dylai merch ufudd a diolchgar ei wneud, mae'n debyg, cydiodd rhyw deimlad anniddig ynof, teimlad oedd yn ymylu ar fod yn wrthryfelgar. Pam y dylwn i dreulio gweddill fy mywyd yn forwyn fach iddo fe, ac yn geidwad fy chwaer-yng-nghyfraith a'i phlentyn?

Roeddwn dros fy neg ar hugain erbyn hyn ac wedi cyrraedd y stad amharchus honno a elwid yn 'hen ferch'. Roedd Nhad wedi rhyw led-awgrymu hynny'n ddiweddar, rhyw hanner cellwair; cnoais fy nhafod rhag ateb, ond fe deimlais y sarhad i'r byw.

Ar ôl marw Mam, offrymais fy ieuenctid cynnar yn gyfan gwbl i'w wasanaethu ef a'm brodyr. A be wnaeth e? Priodi ar y cyfle cyntaf a gafodd. Dwy flynedd barodd y briodas honno, bu farw ei ail wraig o hiraeth a siom. Hiraeth ar ôl ei theulu a Chymru, a siom o ganfod llymder a thlodi bywyd y Wladfa. Yna, 'nôl wedyn i Llain-las ar ôl profi annibyniaeth, i ailgydio yng ngwaith y tŷ a'r ffarm a bod ar ei alwad ef a'r tri bachgen. Ond fe ddeliais afael yn fy mheiriant gwnïo; roedd hwnnw'n esgus ac yn rheswm hefyd i ddianc o'r llyffetheiriau o bryd i'w gilydd, ac yn fodd o ennill ambell geiniog at fy nghadw. Ond fûm i erioed yn annibynnol tra oeddwn yn byw yn Llain-las, roedd caethiwed fy nheulu a'r ffarm yn gafael ynof fel gefel.

Rheswm bodolaeth menywod ym Mhatagonia oedd magu plant, moch a lloi; chwysu i baratoi bwyd; glanhau, pobi, corddi, gwneud caws, bwydo'r moch a'r lloi yn ddiddiwedd, ddydd ar ôl dydd, ar ôl dydd, a hynny yn y gwres mawr. A llawer gwaith diolchais i'r Bod Mawr, yn dawel bach, 'mod i'n rhydd oddi wrth gyfrifoldeb plant. Roedd gweld mamau ifainc yn syrthio dan bwysau gwaith a geni yn loes i'r galon. Dyna a laddodd Mam yn wraig ifanc.

A dyma fi erbyn hyn yn 'hen ferch' ac ar fy ffordd i Gymru i edrych ar ôl Nhad weddill ei oes. Gwyddwn fod Nhad yn disgwyl teyrngarwch llwyr oddi wrthyf. Gwyddwn fod William yn dibynnu arna i i fod yn gefn ac yn gysur i'w wraig a'i blentyn.

Roeddwn wedi fy nal ym magl ffawd unwaith eto, ac roeddwn yn llawn tosturi drosof fy hunan.

Pam oedd rhaid imi? Roedd Nhad ymhell dros ei drigain erbyn hyn, a go brin y byddai'n priodi eto, ac fel y dywedodd heddiw ddiwethaf, 'Paid byth â ngadael i, Ellen, fedra i ddim byw hebot ti.'

A Hannah? Beth amdani hi? Roedd fy nicter at William yn cynyddu'n ddyddiol. Pa hawl oedd ganddo i droi'i gefn ar ei deulu bach, a hwylio i ben draw'r byd i gloddio am aur?

Roeddwn yn sicr yn fy meddwl erbyn hyn fod ei awydd am antur yn drech na'i deyrngarwch at ei deulu. Siom chwerw oedd sylweddoli hynny, ac roedd y teimlad o ddigofaint a ddaeth i mi ddiwrnod y ffarwelio yn cryfhau'n ddyddiol, a'r teimlad arall, anesboniadwy hwnnw na welwn i byth mohono ef na Dyfrig byth wedyn, yn cnoi yn fy stumog.

Doedd fawr o awydd byw yng Nghymru arna innau chwaith. Pan oeddwn yno ar wyliau, dros ddeuddeng mlynedd yn ôl bellach, pobl oeraidd, anghynnes oedd y Cymry ar y cyfan—mor wahanol i'r cynhesrwydd a'r cyfeillgarwch oedd yn ffynnu ymysg y Gwladfawyr. Gwyddwn y byddwn yn hiraethu ar hyd fy oes ar ôl eangderau gwyllt y Paith, y crwydro ar gefn fy ngheffyl Dic, a'r cyfeillachu yn y capel a'r côr. Rhaid cyfaddef mai Archentwraig oeddwn, nid Cymraes; Archentwraig yn siarad Cymraeg. Ond rhaid cael mwy nag iaith i'ch clymu wrth wlad, ac ofnwn na fyddai hynny'n ddigon i'm gwneud yn un ohonyn nhw.

Roedd y syniad o aros yn Buenos Aires yn cryfhau gyda phob cam. Beth pe bawn i'n aros yma dros dro, perswadio Hannah hefyd i aros gyda mi, ac ymhen amser, efallai rai misoedd, hwylio am Gymru wedyn. Siawns y byddai Rhyfel y Boer wedi gorffen erbyn hynny ac y byddai William wedi penderfynu ar ei ddyfodol yntau.

Roeddwn wedi cerdded ymhell erbyn hyn, ac yn ddiarwybod fe ddaeth y nos. Mae'r nos yn disgyn yn sydyn yn Archentina.

Cerddais yn bendrist yn ôl i'r llety ond roeddwn wedi penderfynu ar gynllun erbyn hyn, a gwyddwn y byddai'n rhaid i mi fod yn styfnig o benderfynol i'w gyflawni. Doedd Hannah ddim yn abl i deithio mor bell a hithau'n cyfogi mor druenus ddydd ar ôl dydd, ac ni fyddai na meddyg na nyrs ar fwrdd y llong. Byddai'n rhaid i mi berswadio Nhad hefyd a dangos iddo mor amhosibl y byddai ei gadael ar ei phen ei hun gyda'r plentyn, a minnau wedi tynghedu gerbron William yr edrychwn ar eu holau. Fe gadwn y tocynnau teithio, a byddai hynny'n ernes i Nhad y deuwn ar ei ôl ryw ddydd.

Felly dyma baratoi am storom—rhagor o ddagrau, rhagor o sgrech-ian, a rhagor o bregethu am ddyletswydd a pharch plant at rieni. Ond roeddwn yn teimlo'n gadarn a phenderfynol—rhaid oedd i'r cynllun lwyddo.

Pan gyrhaeddais y lojin roedd pob man yn dawel a digyffro. Dim sôn am Nhad, ond roedd Hannah a Johnnie yn gorwedd ar y gwely, y ddau'n cysgu'n drwm. Gwenais wrth weld Johnnie yn dal yn dynn yn yr hanner torth. Druan bach, byddai'n rhaid iddo fyw ar y dorth honno tan y bore. Gyda lwc, cawn laeth ffres iddo, ond codi gyda'r wawr i'w brynu. Byddwn yn paratoi digon o fwyd iddo wedyn am y dydd. Rhyw ddwyawr oedd y llaeth yn dal heb suro, heb ei ferwi.

Roedd Hannah yn edrych yn frawychus o wael, ei hwyneb yn welw-drist, a rhyw wawr felen ar ei chnawd. Roedd ei hwyneb a'i gwddf yn denau a rhychiog, a phob asgwrn i'w weld ar ei hysgwyddau. Rhyfedd oedd hynny, hefyd, gan fod ei chorff yn cadw'n ddigon graenus. Nid dyma'r eneth dlos a adawodd William yn fy ngofal, a theimlais ryw euogrwydd, teimlo fy mod wedi methu yn fy nyletswydd.

Es i chwilio am Nhad. Cefais afael ynddo yn ei stafell wely, stafell fechan tua'r un maint â chut ieir, ac yn arogli'n debyg iawn hefyd. Dyna lle roedd e ar erchwyn y gwely yn darllen ei Feibl.

'Wel, wnest ti lwyddo?'

'Naddo.'

'Pam?'

'Mae hi'n cysgu.'

'Wel, deffra hi, yn eno'r tad.'

'Wnaiff hi ddim aros, Nhad, oni bai . . .'

'Oni bai beth?'

'Oni bai fy mod inne'n aros hefyd,' ebe fi mor dawel a digyffro â phosibl.

Syllodd arna i am eiliad, a'i geg yn llydan agored.

Yna ffrwydrodd.

'Paid â siarad mor ddwl, lodes. Wyt tithe wedi colli dy synhwyre hefyd?'

'Dyna'r unig ffordd mas o'r cawdel, Nhad.'

'Ffwlbri noeth!'

'Gwrandewch arna i, Nhad, mae Hannah mewn cyflwr difrifol. Feder hi byth bythoedd deithio i Gymru yn ei stad bresennol.'

'Ellen, gwranda di arna i,' ac erbyn hyn roedd yn gweiddi, nerth ei ben, 'elli *di* ddim aros gyda hi, a dyna ddigon ar y siarad gwamal 'na.'

'Pam?'

'Pam? Os na elli di ddeall hynna bach, rwyt ti'n dwpach na'r cyffredin. Sdim rhagor i'w ddweud.'

Na, doedd dim modd ymresymu â Nhad. Yn wir, doeddwn i ddim wedi cael sgwrs agos-atoch, ddeallus, gydag e ers blynyddoedd.

Byth oddi ar iddo ddod â'i ail wraig i Llain-las cododd rhyw agendor rhyngom, a chwalwyd pob cyfathrach agos, dadol. Gofyn cwestiwn ac ateb oedd y sgwrs gan amlaf, yn ddigon boneddigaidd, hyd nes y byddai'n gwylltio. Ac yna taranu am rai munudau, a byddwn innau'n pwdu. Âi diwrnodau heibio weithiau, heb ddweud bwm wrth ein gilydd. Diwrnodau poenus oedd y rheini, ond *fe* fyddai'n gorfod ildio'r rhan amlaf. Lawer gwaith dywedodd Mam wrthyf, a minnau ond yn blentyn,

'Trueni, Nel fach, dy fod mor debyg i asyn.'

Ac roedd ysbryd yr asyn wedi fy meddiannu yr adeg honno, a ffwrdd â fi at Hannah, gan gau'r drws yn swnllyd herfeiddiol ar f'ôl. Rhaid oedd cael honno i gytuno'n gyntaf, neu mi fyddai'n amen arna i a'm cynlluniau.

Roedd Hannah ar ddi-hun erbyn hyn ac yn crio'n dawel. Roedd Johnnie yn dal i gysgu, diolch i'r drefn.

'Wyt ti'n teimlo'n well, Hannah?'

'Dim llawer.'

'Gymeri di rywbeth i'w fwyta?'

'Dydw i ddim eisiau gweld bwyd.'

'O'r gorau, gwranda, mae 'da fi gynllun. Beth feddyli di o'r syniad hwn?'

'Dydw i ddim eisiau clywed. Rydw i wedi blino, rydw i'n sâl.'

'Gwranda, Hannah, mae'n *rhaid* iti wrando.'

Trodd ei hwyneb at y wal, a dal i grio, ychydig yn fwy swnllyd erbyn hyn. Dyma finne'n codi fy llais a mynd 'mlaen i siarad, yn benderfynol o ddweud fy nweud. A hynny heb gyffroi'n ormodol.

'Fe arhoswn ni'n dwy yma yn Buenos Aires—ti a fi a Johnnie bach. Fe ga i waith gwnïo mewn siop, a falle y gelli dithe fynd 'nôl 'mhen amser i Chile at dy deulu.'

Rhoddodd sgrech annaearol—doedd tymer Nhad yn ddim o'i gymharu â sterics Hannah. Roedd brws gwallt ar y bwrdd yn ymyl y gwely; taflodd hwnnw â'i holl nerth, trawodd fi yn fy nhalcen, a gwaeddais gyda'r boen. Deffrôdd Johnnie, a dyma hwnnw hefyd yn sgrechian. Sôn am Bedlam!

O'r diwedd tawelodd y storm rhyw gymaint, a dwedodd yn hollol bendant,

'Mae'n rhaid i Johnnie a fi fynd i Gymru. Rydw i wedi addo i William y byddwn yn disgwyl amdano yno. Rhaid i fi gadw 'ngair i William. Fe alli di aros yn Buenos Aires, os wyt ti'n dewis.'

Doedd 'da fi ddim ateb. Sylweddolais fod fy nghynlluniau mawreddog i'n deilchion. Roeddwn yn sownd yn y fagl. Sylweddolais hefyd o'r newydd y byddai Hannah a'i phlentyn fel maen melin am fy ngwddf am flynyddoedd i ddod.

Pennod VI

Doeddwn i ddim yn eneth naturiol hapus; gafaelodd rhyw hunandosturi a chwerwder ysbryd ynof pan fu farw Mam. Ac er ceisio fy ngorau i'w daflu i ffwrdd, mynnai lynu wrthyf fel gelen. Fûm i erioed yn gartrefol mewn cwmni oedd yn hoffi sbort a sbri, chwerthin a randibŵ. Hoffwn gwmni ffrind, a sgwrs ddeallus, ac roedd bod yng nghwmni John yn falm i'r enaid. Cerddem law yn llaw am filltiroedd ar hyd llwybrau'r Paith mewn dealltwriaeth berffaith, weithiau'n trin problemau llosg y dydd, weithiau'n canu, weithiau mewn distawrwydd, ond bob amser mewn cytgord. A phan gofleidiem wrth ffarwelio, byddai ysgryd pleserus yn cripian i lawr fy meingefn. Mi fyddwn wedi priodi John, a hynny heb betruso, pe daethai'r cynnig.

Ond ddaeth e ddim.

Ac fel dwedodd ei chwaer wrthyf un tro,

'Mae'n rhaid i bregethwr gael gwraig amgenach na merch sy'n medru godro a bwydo moch.'

Anodd oedd derbyn y gwirionedd, a bu gweld ein cyfeillgarwch yn oeri, ac amau fod ganddo gariad arall, yn loes imi. Ond fe ddaeth i lawr bob cam i ffarwelio â mi, i lawr o ganol ei brysurdeb, a dweud mewn llais uchel yng ngŵydd pawb y caem gydgyfarfod eto yng Nghymru, a hynny'n fuan.

Roedd arnaf ofn gobeithio na breuddwydio bellach. Ond fe roddodd anrheg fechan yn fy llaw wrth ymadael. Cefais lawer o anrhegion ganddo o dro i dro, anrhegion syml o waith coed, wedi eu gwneud a'u cynllunio ganddo fe ei hunan. Paciais y cyfan a gefais ganddo'n ofalus i'w cludo i Gymru—llwy garu, ffrâm bictiwr, bocs i ddal tlysau, pethau syml fel'na, ac yn werthfawr iawn i mi.

Llyfryn bach a gefais ganddo y tro hwn, llyfryn yn cynnwys ei hoff farddoniaeth, a rhai penillion wedi eu cyfansoddi ganddo ef ei hun hyd yn oed, a'r cyfan mewn ysgrifen copor plat a lluniau blodau'n harddu pob tudalen.

Doeddwn i ddim wedi cael cyfle na llonydd i'w astudio eto. Ond un prynhawn penderfynais fynd am dro ar fy mhen fy hun unwaith eto. Roeddwn wedi cael hen ddigon ar Hannah a'i styfnigrwydd, ac ar fy nhad a'i ddiffyg cydymdeimlad a'i hunanoldeb. A dyma fi'n cipio'r llyfryn bach o'r drôr, ac i ffwrdd â fi i chwilio am le tawel i'w ddarllen, 'ymhell o boen y byd a'i bla', gan obeithio y cawn gysur a gobaith o'i ddarllen. Doeddwn i ddim am ei rannu ag undyn byw.

Cerddais am tua milltir gan chwilio am le tawel, ond roedd y ddinas wedi deffro erbyn hyn, ac roedd y prysurdeb a'r halibalŵ yn fyddarol. Doedd dim gobaith cael llonyddwch. Cyrhaeddais sgwâr fechan, ac yno roedd eglwys â goleuni gwan yn llewyrchu drwy'r ffenestri. Cerddais yn betrusgar at y drws; roedd hwnnw led pen ar agor. Cymerais yr hyfdra i gael cip y tu mewn. Roedd yno dawelwch a miwsig organ, ond rywsut doedd y miwsig yn amharu dim ar y tawelwch, roedd fel pe bai'n rhoi dyfnder iddo. Cefais y teimlad 'mod i'n sangu ar dir sanctaidd. Roedd yna rai pobl, merched gan mwyaf, yn gweddïo'n dawel. Eglwys fechan oedd hon, heb y crandrwydd a berthynai i'r eglwys fawr. Ond roedd yno ffenestri lliw a delw o Grist ar y Groes. Roedd yr eglwysi Pabyddol yma mor wahanol i gapeli'r Wladfa. Roedd y rheini mor llwm o'u cymharu; doedd yno ond pwlpud diaddurn a meinciau celyd, a ches i erioed y teimlad yno fel y cefais i yma, rhyw deimlad estron anesboniadwy fy mod i yn nheml Dduw, a'i fod E yno gyda mi. A deellais hefyd reidrwydd Hannah i ymollwng i'w chrefydd mewn cyfyngder.

Sefais yng nghefn yr Eglwys gan bwyso ar y wal; roedd y golau a ddeuai drwy'r ffenest yn ddigon clir i mi allu darllen.

Tynnais y llyfr bach o'm poced, a'i ddarllen yn ddefosiynol fel pe bawn yn darllen y Beibl. Penillion syml oeddynt, penillion serch, rhai o waith beirdd cydnabyddedig, fel 'Y Ferch o'r Sgêr' a chân Wil Hopcyn i'w gariad. Rhai â'r odl a'r mydr heb fod mor berffaith, o waith John ei hun. Roedd y cyfan yn gysegredig i mi.

Rhwng y miwsig, y tawelwch a'r farddoniaeth cefais fy nghludo i ryw fyd afreal, y tu hwnt i'r byd hwn a'i drafferthion.

Darllenais yn awchus:

> Mae rhai â'u bryd
> Ar bethau'r byd
> Ond ar eneth deg wiwlan
> Rhoes i fy holl amcan
> Yn gwbl i gyd.
> Pe cawn ond tydi
> Mi ddwedwn yn hy
> Fod digon o gyfoeth
> Gwên f'eneth i mi.

Dal ymlaen i ddarllen, a'm gobeithion yn codi gyda phob llinell:

> Mae'n haws gwneud rhaff o dywod môr
> A rhwymo'r gwynt yn union,
> A llawer haws yw cynnau tân

O ddyfroedd glân yr afon,
A haws troi'r wennol
Yn ôl i'r cwm
Na thorri cwlwm calon.

Yn chwifio'i chadach gwyn
Mae Nel ar John o hyd,
A John o'r lan wrth ganfod hyn
Sibrydai, 'Gwyn fy myd'.
A choda'i gadach llaith
I hofran uwch ei ben
A'r awel iddo gluda'i iaith
'Cawn gwrddyd eto, Nel.'

'Mab wyf fi
Yn byw dan benyd
Am f'anwylyd fawr ei bri,
Gwnaf ei charu
Fwy na digon
Curo mae fy nghalon i.'

Bûm wrthi am yn agos i awr yn darllen, mwynhau ac ymhyfrydu yn
y serch a ddylifai o bob gair. Darllen yr un pennill drosodd a throsodd,
a chofio am yr amser hapus yn y Wladfa. Cofio am yr addewidion a'r
cynlluniau. Dewisais anghofio am y dieithrwch a'r oerni ar ôl iddo
ddod 'nôl o'i daith i'r Hen Wlad.
Roedd gobaith eto!
Minnau'n darllen ymlaen ac ymlaen ac ymlaen y dwsinau penillion,
i gyd yn y cywair serch, ac yn glafoerio a llyncu'r cyfan fel cath yn
llyfu hufen. Roeddwn ar y dudalen olaf erbyn hyn, ac roedd y geiriau
hynny wedi eu tanlinellu bob gair—pob gair â llinell goch drwchus
oddi tano. Darllenais hwy yn araf ofalus a chael dyrnod gan bob gair.
Roedd fy ngobeithion disglair yn deilchion:

Rwy'n rhy ifanc
Eto i ddianc,
Cymeraf bwyll

Cyn mynd rhy bell,
Pan rwy'n barod
Rhyw ddiwrnod
Clywed gei
Os byddi gwell;
Pwylla'r bachgen
Gwyllt ei anian,
Rwyf dan ofnau
Rhwymo f'llaw,
Gwaeth cael digon
O rybuddion
Yma a thraw.

Roedd y neges yn hollol glir, a theimlais fy mod wedi cael fy
nhwyllo a'm bradychu. A gwaeth na hynny, hyd yn oed, cydiodd hen
deimlad hyll ynof, hen deimlad chwithig ei fod wedi gwneud ffŵl
ohonof. Ac mae hynny'n waeth na chael eich twyllo. Oeddwn,
roeddwn yn hen sopen wirion yn gadael i deimladau fy nhrechu yn
union fel hogen benchwiban heb gyrraedd oedran synnwyr. A minnau
dros fy neg ar hugain, ac yn wynebu canol oed hen-ferchetaidd!

Stwffiais y llyfryn 'nôl i'm poced, plygais fy mhen mewn cywilydd,
a daeth y dagrau. Doeddwn i ddim wedi ymollwng i ddagrau ers amser
maith; roeddwn wedi caledu fy nghalon, ac wedi derbyn pob helbul a
thrafferth heb golli deigryn. Roeddwn wedi derbyn fy nhynged yn
oeraidd, er bod hiraeth yn fy llethu—hiraeth ar ôl y Wladfa, hiraeth ar
ôl fy ffrindiau, hiraeth ar ôl John, ie, a hiraeth ar ôl fy ieuenctid hefyd.

Ceisiais rwystro'r llifeiriant, ond fedrwn i ddim. Roedd yr awyr-
gylch yn yr eglwys yn diferu o gydymdeimlad—yr hanner tywyllwch,
y canhwyllau gwêr yn taflu cysgodion ar y Crist croeshoeliedig, a'r
miwsig tangnefeddus a ddeuai o grombil yr organ fawr. Doeddwn i
ddim yn gyfarwydd â miwsig organ, a'r gerddoriaeth oedd mor
wahanol i gerddoriaeth emyn ac anthem. Canu'n oer oedd yr arferiad
yng Nghapel Bryn-crwn, heb help offeryn, a'r lleisiau dynol, digon
ansoniarus ar brydiau, yn atsain i bob cornel o'r capel bach.

Roedd y sefyllfa yma mor estron, ac yn brofiad ysgytwol. Ceisiais
weddïo, ond fedrwn i ddim. Mae'n debyg fod fy magwraeth a'r

atgasedd oedd gan fy rhieni tuag at y ffydd Babyddol wedi dylanwadu arnaf.

Eisteddais yn swp blinedig ar y sedd gefn. Bûm yno am gryn chwarter awr yn isel a gwan f'ysbryd. Roedd y dagrau wedi peidio, ac roeddwn yn paratoi i symud pan welais offeiriad yn ei wisg ysblennydd yn nesu ataf. Fedrwn i ddim dianc; daeth ymlaen ataf yn araf. Ddwedodd e 'run gair, dim ond gosod ei law'n dirion ar fy mhen—aros am ennyd a mynd, a'm gadael innau mewn penstandod llesmeiriol.

Sefais yn berffaith lonydd am rai munudau—wn i ddim yn siŵr am ba hyd. Roedd amser wedi sefyll, a minnau heb symud llaw na throed. Roedd y cyffyrddiad yn gyffyrddiad o gydymdeimlad, ac roedd derbyn cydymdeimlad, yn enwedig mewn awyrgylch arallfydol gan ddieithryn, a hwnnw'n offeiriad Pabyddol, wedi fy nghyffwrdd i waelodion f'ysbryd. Wnawn i byth eto ddiystyru'r ffydd Babyddol.

Roeddwn yn teimlo'n euog hefyd. Fe es i i'r eglwys, nid i addoli, nac i ofyn am faddeuant am fy mhechodau, ond gyda'r unig bwrpas o ddarllen fy nghaniadau serch mewn llonyddwch. Cefais fy siomi yng nghynnwys fy llyfryn bach. Diflannodd y rhithyn olaf o obaith am aduniad gyda John. Rhaid oedd ymwroli, a bu cyffyrddiad y Tad Pabyddol yn gyfrwng i leddfu'r boen.

Codais gan deimlo'n well, a chyfeiriais fy nghamre tua'r tŷ lojin. Cerddais yn benuchel, yn benderfynol o wynebu pob rhwystr, a rhoi cymaint o help ag y medrwn i Hannah yn ei thrybini, nid yn gymaint er ei mwyn hi, ond er fy mwyn fy hunan. A wnawn i byth, byth eto, ragfarnu, na dilorni, y ffydd Babyddol.

Pennod VII

Aeth y tridiau'n wythnos, a'r wythnos yn bythefnos, a ninnau'n dal i aros am long.

Un bore dyma Nhad yn gweiddi fel dyn o'i go tu fas i'r stafell, a churo'n ddiamynedd ar y drws. Roeddwn ar hanner gwisgo, a chredais yn wir fod y tŷ ar dân.

'Be sy'n bod?' gwaeddais o'r tu mewn.

'Dere ar unwaith, Nel, paid ag oedi.' (Roedd yn anghofio fy ngalw'n 'Ellen' mewn argyfwng.)

'Dere heb ymdroi, mae'r dyn tynnu lluniau yma.'

'Dyna i gyd,' meddwn yn ddigon di-ffrwt, 'dyw'r byd ddim ar ben wedi'r cyfan.'

'Dere, mwstra, paid â gwamalu, dyma'r cyfle olaf gawn ni i dynnu ein lluniau yn Ariannin.'

'Dwi ddim eisiau tynnu fy llun . . .'

'Wyt, wyt, dere ar unwaith a phaid â bod yn benstiff. Gwisg dy ffrog orau.'

Roedd yn haws ufuddhau na chychwyn dadl a allai orffen mewn storm o eiriau, a cholli tymer. Ac i be wnawn i ddadlau am beth mor ddibwys â thynnu llun?

Gwisgais fy ffrog orau'n ddigon anfoddog; doeddwn i ddim wedi pacio honno yn y gist. Cyn pen munud roeddwn i ma's yn y stryd, yn barod ar gyfer y weithred ac yn teimlo'n rel ffŵl. Roedd Nhad yn ei drowsus rhip a'i siaced ddiwetydd, a minnau yn fy ffrog sidan, sgidiau trymion am fy nhraed, a'm gwallt yn gocyn tynn heb ei gribo.

'Ble mae'r dyn?'

'Rhaid mynd i'w dŷ, rhyw ganllath lan yr hewl.'

Roedd y ganllath yn debycach i filltir. Roedd y dyn ar ben y drws, yn wên i gyd. Yr unig beth a gofiaf i amdano, oedd gweld dant aur yn sgleinio ymysg rhes o ddannedd pwdr.

'*Entre, entre.*'

Ac i mewn â ni i'r tywyllwch, i stafell fechan fach. Roedd camera anferth ar ganol y llawr. A dyma fe'n ein gosod i sefyll ar gilcyn o garped blodeuog. Sticiodd glamp o flodyn ffug yn siaced Nhad ac meddai wrthyf,

'Cydiwch yn ei fraich a gwenwch.'

Cydiais yn ei fraich, ond gwrthododd y wên ymddangos. Gwthiodd y dyn ei ben dan y cwdyn du, clic, a dyna ni ar gadw am byth i'r oes a ddêl. Ond roedd y dyn eisiau tynnu llun arall, a minne'n eistedd. Ond digon yw digon. Gwrthodais yn bendant.

Rhyfeddais fod Nhad wedi addo ei dalu 'mlaen llaw yn y gobaith y gyrrai'r dyn y llun ar ein holau i Gymru. Doedd 'da fi ddim gobaith y gwelwn y llun byth. Gadewais y ddau'n dadlau ynglŷn â'r pris, ond y dyn a orfu; roedd Sbaeneg clapiog Nhad yn dipyn o rwystr iddo wrth fargeinio.

Rhuthrais 'nôl i dynnu fy ffrog sidan. Rhaid oedd ymgeleddu Hannah a'r crwt bach. Roedd yn amser melltigedig, y lojin yn wael, y bwyd yn waeth, ond y gwaethaf oll oedd salwch Hannah, ac anniddigrwydd Johnnie bach. Dim ond pymtheg mis oedd y bychan, a minnau'n disgwyl iddo ufuddhau, a deall ein hymresymu gwallgo. A'r agwedd dristaf oll oedd fod Hannah yn ei gwely bob dydd a thrwy'r dydd, yn troi ei hwyneb at y wal, ac yn gwbl anystyriol o'i phlentyn.

A doedd Nhad fawr iawn gwell chwaith, yntau'n troi ei gefn ar y cyfan, ac yn fy meio i am na allwn berswadio Hannah i aros yn Buenos Aires.

'Efallai na fydd William 'nôl am flynyddoedd, a fedra i mo'i chadw.'

'Fe all Hannah gadw'i hunan, Nhad, dyw hi ddim heb arian. Rwy'n gwybod, a dyna ddigon o siarad ar y pwnc.'

'Paid ti â siarad fel'na gyda dy dad, 'merch i; heblaw am dalu am y pàs, fi sy'n gorfod ysgwyddo popeth arall.'

'Fe gewch y cyfan 'nôl, ar ôl i William ddod adre.'

'Ie, a phryd fydd hynny, gweda?'

Ie, pryd fyddai hynny, dyna'r cwestiwn roeddwn innau'n fy holi fy hunan hefyd, ac roeddwn yn pryderu'n ofnadwy erbyn hyn am gyflwr iechyd Hannah. Roedd i'w gweld yn gwaethygu. Tybed a fyddai hi gyda ni i groesawu William adre?

Rhaid oedd cyffroi, a phenderfynais wneud ymholiadau ynglŷn â chael meddyg i'w gweld. Soniais wrth Nhad gan geisio ei ddarbwyllo fod gwir angen help arni, ond ches i ddim cefnogaeth ganddo; ofni'r gost, mae'n debyg.

Doedd dim amdani ond mynd at Hannah a dweud yn hollol ddi-lol wrthi fod yn rhaid iddi gael help.

'Hannah, mae'n rhaid iti gael doctor. Rwyt ti'n sâl, a does neb yn gwybod achos dy ddolur.'

'*No, no, no, no* . . .' a'r llais yn codi gyda phob '*no*', a'r '*no*' ddiwethaf yn sgrech aflafar.

Ceisiais siarad mor dawel a synhwyrol ag y medrwn.

'Ond gwranda, Hannah fach, os na ddoi di'n well na hyn, fedri di byth deithio'r holl ffordd i Gymru.'

'*No, no, no, no . . .*' a'r sgrechian yn ailddechrau.

'Wyt ti'n credu y gelli di godi heddi, Hannah?'

'*No, no, no . . .*'

Sylwais ei bod yn dal yn dynn wrth y paderau a dyma feddwl am gynllwyn arall.

'Mae Eglwys Babyddol yn reit agos. Beth am fynd yno am dro?'

'*No, no.*'

'Pam?'

'Fedra i ddim cerdded.'

'Pam?'

'Mae 'nghoese i wedi chwyddo.'

'Ga i weld?'

Taflodd y gynfas 'nôl. Roedd yn hollol noeth, a doedd dim gronyn o gywilydd arni. Doedd hi ddim yn credu mewn gwisgo gŵn-nos yn y gwely. Ac roedd hynny'n ymylu ar fod yn anfoesol i ferched swil y Wladfa. Credem ei bod yr un mor angenrheidiol i wisgo gŵn-nos i guddio eich noethni yn y gwely ag oedd hi i wisgo blows a sgyrt i fynd mas.

Cefais sioc.

Hannah druan fach. Roedd ei choesau gymaint â 'nghanol i. Rhaid oedd symud i wneud rhywbeth. Ond beth?

'Hannah, rhaid i ti gael doctor, a hynny ar unwaith.'

A dyma'r sgrechiadau'n dechrau eto.

'*No, no, no . . .*'

Rhaid oedd cael help o rywle. Ond o ble? Es i chwilio am Nhad a gwelais ef yn cerdded lan at y tŷ. Roedd ar ei ffordd 'nôl o'r stordy ar y cei. Âi yno ryw deirgwaith bob dydd i weld fod y cistiau'n saff. Roedd llawer iawn o ladrata yng nghyffiniau'r stordai a'r lanfa, ac roedd ganddo stori newydd beunydd am ryw druan anffodus a oedd wedi colli'r cyfan. Roedd ei gam yn sioncach nag y'i gwelais ers dyddiau. A dyma fe'n gweiddi'n llawen,

'Newydd da, rydyn ni'n hwylio ar doriad gwawr bore fory.'

'Newydd drwg s'da fi. Mae cyflwr Hannah wedi gwaethygu a fydd hi ddim yn ffit i deithio gyda ni fory.'

'Wel, yr unig ateb i hynna yw ei gadael ar ôl yma.'

'Nhad, sut ellwch chi fod mor galed? Ry'n ni wedi addo i William y bydden ni'n gofalu amdani.'

'Ti addawodd, nid fi.'

'Reit, mi fydd yn rhaid i fi aros 'da hi 'te.'

A dyma ddechrau cweryl, nad anghofia i byth mohono, a hynny ar ganol y ffordd fawr. Hyrddio casineb at ein gilydd, ein dau wedi gwylltio'n gacwn. Fi'n dannod ei galedwch a'i anwadalwch iddo fe, ac yntau'n dannod fy niffyg teyrngarwch iddo yntau.

'Fe ddaw barn ar dy ben di am hyn, y groten anniolchgar.'

Dau o'r un cyff, a'r ddau ohonom wedi colli pob rheolaeth arnom ein hunain. Doeddwn i erioed wedi dweud y fath eiriau angharedig wrth neb, ac wrth Nhad o bawb.

Erbyn i ni sylweddoli roedd tyrfa o bobol a phlant wedi ymgasglu o'n cwmpas, ac yn gwrando'n gegrwth. Roedd yr iaith ddieithr wedi eu syfrdanu a'u llorio'n lân. Ac roedd rhai o'r plantos mor ddi-gywilydd â chymryd ochr, ac yn curo dwylo yn afieithus. Sobrodd hynny ni. Doedden ni erioed wedi gwneud y fath ffyliaid ohonom ein hunain. Diolch i Dduw, doedd neb yno yn ein hadnabod, nac yn ein deall.

A'r funud nesa dyma fy nhad yn dweud, yn dawel a digyffro, 'Mae'n rhy hwyr i newid trefniadau erbyn hyn, fodd bynnag. Mae'r peiriant gwnïo a'r cistiau wedi eu llwytho eisoes.'

Pam na fasai wedi dweud hynny ar y cychwyn cyntaf? Fyddai dim angen yr holl siew 'na wedyn. Roeddwn yn teimlo fel clwtyn llawr, pob rhithyn o nerth wedi ei sugno gan y ffrae.

Ond doedd dim amser i whilibowan, rhaid oedd mynd ati i drefnu. Roedd galw meddyg allan o'r cwestiwn erbyn hyn. Roedd 'No, no, no . . .' Hannah yn dal i atsain yn fy nghlustiau. Rywsut neu'i gilydd byddai'n rhaid ei llusgo i'r cwch, a gorau po gyntaf, er mwyn inni gael setlo lawr cyn nos.

Pan es i'n ôl, roedd y ddau'n cysgu'n drwm, Johnnie bach ym mreichiau ei fam, a daeth ton o dristwch drosof. Beth ddeuai ohonynt?

Ond doedd dim amser i bendroni a hel meddyliau; roedd y pres-ennol yn galw, a'i broblemau a'i anawsterau. Sut yn y byd i'w chael i'r cwch? Doedd dim tramiau'n rhedeg heibio i'r tŷ, a byddai'n rhaid wrth geffyl a chart i'w chario i'r cei. Chwilio am Nhad, a'i orchymyn i chwilio am gart i fynd â ni a'n tipyn pethau. Hwnnw'n llusgo'i draed ac yn achwyn am y gost. A minnau'n ddiamynedd ac yn barod i ffrwydro am yr ail waith y diwrnod hwnnw.

'Pwyll piau hi, Ellen,' meddwn wrthyf fy hunan, a phwyll a orfu am y tro. Ond wir, roeddwn wedi cael hen ddigon ar drefnu bywydau pobl eraill; doeddwn i ddim wedi cael amser i roi trefn ar fy mywyd fy hun eto.

Es i dorri'r newydd i Hannah. Erbyn hyn roedd hi ar ei heistedd ar y gwely yn ceisio perswadio Johnnie i fwyta crystyn sych ac yfed diferyn o de. Roedd hwnnw'n strancio a welwn i ddim bai arno chwaith.

'Hannah, gwranda, rhaid i ti ei siapio hi. Mae'r llong yn hwylio bore fory, a rhaid mynd ar y bwrdd heno nesa.'

Roedd ei hymateb yn wyrthiol. Anghofiodd am ei choesau chwyddedig a'i stumog wan a chododd yn wyllt o'r gwely, mor wyllt nes iddi syrthio'n swp ar lawr. Cododd yn drwsgl, heb help, a dechrau gwisgo amdani. Dyna'r tro cyntaf ers inni gyrraedd Buenos Aires iddi ddangos unrhyw awydd i wneud unrhyw beth drosti ei hun.

'Edrych ar ôl Johnnie i mi gael pacio.'

Doedd dim gwahaniaeth am fy mhacio i. Ond roeddwn mor falch o'i gweld yn stwyrio i wneud rhywbeth drosti ei hun nes i mi ufuddhau'n dawel ac ymgeleddu Johnnie bach. Roedd angen ymgeledd arno hefyd.

Cyn pen dim roedd Nhad yn gweiddi yn y drws.

'Mi fydd y cart yma 'mhen hanner awr. Cofiwch fod yn barod.'

Roedd Hannah erbyn hyn yn hollol barod, ei hychydig bethau'n drefnus yn y fasged wellt, a gorfu i mi bacio dillad Johnnie yn fy mag i.

Tybed a oedd Hannah mor ddifrifol wael wedi'r cwbl? Na, doedd hi ddim yn deg i mi goleddu hen syniadau fel'na, onid oedd y coesau chwyddedig a'r cyfogi yn brawf o stad ei hiechyd?

Cyrhaeddodd y cart 'mhen rhyw ddwyawr. Pobl araf, bodlon yw'r Sbaenwyr, nid yw amser a phrydlondeb yn rhan o'u bywydau. 'Mañana' yw eu harwyddair—yfory wnaiff y tro. Cart bychan yn cael ei dynnu gan ful oedd y cart; mae'r rheini'n rhatach na chart a cheffyl, ac roedd achub ceiniog neu ddwy yn rhan reddfol o natur Nhad.

Gyda help y gyrrwr a Nhad codwyd Hannah i eistedd yn y cab. Estynnwyd Johnnie iddi, hwnnw'n crio'n druenus eisiau bwyd. Wedi llwytho'r paciau doedd dim lle i neb arall, ac roedd yn rhaid i Nhad a minne gerdded y tu ôl. Roedd Nhad wedi llwyr anghofio am y cweryl ac yn chwibanu tôn 'Hen Wlad fy Nhadau' yn ansoniarus bob cam o'r tair milltir hyd at y cei. Doedd dim llawenydd yn fy nghalon i, dim ond gofid ac ofn—ofn y dyfodol, a hiraeth dirdynnol ar ôl Archentina. Roeddwn yn cefnu ar y wlad a'm magodd, a hynny am byth; roeddwn yn siŵr o hynny. Roedd y gost o deithio saith mil o filltiroedd tu hwnt i rywun fel fi. Ugain punt oedd fy ffortiwn i gyd—a rhaid oedd gwarchod y rheini'n ofalus iawn rhag ofn y dydd blin, a fyddai'n siŵr o wawrio ryw ddiwrnod.

Pennod VIII

Dyna'r tair milltir hwyaf a deithiais erioed. Nhad yn dal i chwibanu, Johnnie'n dal i ubain crio, Hannah yn ochneidio mewn poen, a'r mul yn strancio bob rhyw ganllath. A'r gyrrwr, yn lle mynd allan i'w arwain, yn eistedd fel ymerawdwr ar ei orsedd ac yn defnyddio'r chwip â'i holl nerth.

Erbyn cyrraedd y llong roedd Hannah wedi ymlâdd yn llwyr, a chyda help dau forwr cydnerth fe'i codwyd yn ddigon diseremoni i'r llong o'r cwch bach. Minnau'n llawn pryder yn hofran o'i chwmpas, a heb wybod yn iawn beth i'w wneud.

'Hannah, wyt ti'n iawn? Wyt ti eisie rhywbeth?'

'Ydw, gwely a llonydd.'

O'r diwedd, cefais afael yn y capten a dod o hyd i gaban a dau wely cul ynddo. Roedd yn eithriadol fach ac ystyried cyflwr Hannah, ond rhaid oedd gwneud y gorau o'r gwaethaf. Penderfynais daenu gwely i Johnnie ym masged wellt Hannah. A dyma hwnnw'n strancio lwyr ei din, ac yn gwrthod yn lân â gorwedd. Roedd yn amlwg ei fod yn gweiddi am fwyd. Es i'r gegin i wneud ffrindiau â'r cogydd; roedd hynny o'r pwys mwyaf, a medrais gael bara-dŵr a siwgr iddo. Llyncodd ef yn awchus a chyn pen pum munud cysgai'n drwm yn ei wely gwellt. Gorweddodd Hannah yn ei dillad, fel ag yr oedd hi, a throdd ei chefn ar bawb a phopeth. Doedd dim pwrpas siarad nac ymresymu, ac i ffwrdd â fi lan i'r dec. Fel Hannah, roeddwn innau eisiau llonydd heb neb i ddarfu ar fy meddyliau dryslyd. Ond roedd hynny'n amhosibl. Roedd y mynd a'r dod, y rhuthro a'r bloeddio'n

42

fyddarol. O'r diwedd, deuthum o hyd i gornel ym mhen pella'r llong lle gallwn edrych yn hiraethus ar y tir mawr. Roeddem ar afon La Plata, a oedd mor eang â'r môr, ac er syndod i mi gwelais orennau mawr, melyn, miloedd ohonynt yn nofio ar wyneb y dŵr. Rhaid bod orennau'n tyfu'n doreithiog ar lannau afon La Plata, cyn bod cymaint yn nofio ar yr wyneb. A gwelais blant yn nofio'n noethlymun gan gipio cymaint ag y medrent a'u cludo i'r lan. Roedd rhai hefyd mewn cychod yn eu casglu. Tybed sut flas oedd arnynt? Ddeuthum i byth i wybod.

Roedd hiraeth arnaf, hiraeth creulon. Er mai cyfnod anhapus iawn a dreuliais yn Buenos Aires, ddeuddeng mlynedd yn ôl, roedd y cyfnod hwnnw, er gwaethaf y caledi, yn rhan annatod o batrwm fy mywyd. Oni bai am y dyddiau tlawd hynny, fyddwn i byth wedi gallu ennill fy mara beunyddiol a chael blas ar annibyniaeth.

Ac wrth ffarwelio, anghofiais am y chwysu a'r oriau blin, ac am y Cerdo, a chofiais am y dyddiau Sul heddychlon yn gorweddian ar y glaswellt yn y Plaza yn darllen fy Meibl, a syllu ar y gwartheg a'r mulod. Ac fel gwir Archentwraig roeddwn yn hynod falch o'r brif-ddinas, a dymuniad pob llanc a geneth yn y Wladfa oedd ymweld â'r ddinas fawr ryw ddydd. Roedd pawb a âi yno am dro yn dychwelyd yn frwd eu canmoliaeth o'r siopau a'r crandrwydd, yr adeiladau urddasol, a'r ffyrdd esmwyth i'r traed. Oedd, roedd Buenos Aires yn ddinas i ymfalchïo ynddi.

A dyma fi'n troi fy nghefn arni am byth. Roeddwn yn siarad iaith y wlad yn rhugl, ond mae rhywbeth cyfrin, sy'n gryfach nag iaith, yn eich clymu wrth wlad. Profais hynny pan euthum am dro i Gymru. Roeddwn yn siarad y Gymraeg, cystal os nad gwell na'r Cymry eu hunain, ond theimlais i erioed fy mod yn perthyn i Gymru, fel yr oeddwn yn perthyn i'r Ariannin. Estroniaid oedd y Cymry i mi, pob un ohonynt heblaw Mam-gu.

Ac wrth sefyll ar y dec, daeth ton o ansicrwydd drosof; teimlwn bellach nad oedd gennyf unlle y medrwn ei hawlio fel fy nghartref ysbrydol.

Fedrwn i ddim deall Hannah a'i hawydd ysol i ymadael. Ond nid Archentwraig oedd hi. Chile oedd ei gwlad enedigol, ac roedd yn barod i gefnu ar ei gwlad a'i cheraint er mwyn William. Ond mewn argyfwng methodd hithau hefyd gefnu ar ei chrefydd. Efallai nad oeddwn i'n ddigon sicr o 'nghrefydd. Cefais fy nghodi yn y ffydd Gristnogol Gymreig. Yr un traddodiad a'r un dull o addoli oedd yn y Wladfa a Chymru. Felly pam yr hiraeth? Roedd y cyfan y tu hwnt i esboniad, ond daliwn i deimlo lwmp yn fy stumog a methwn, er ceisio fy ngorau, ddal y dagrau'n ôl.

Erbyn hyn roedd y teithwyr wedi cyrraedd y llong ac yn chwilio am eu 'lle cysgu'. Doedd fawr ddim wedi ei baratoi ar gyfer y teithwyr; doedd dim mwy na rhyw ddwsin i gyd ohonom, y cargo oedd bwysicaf. Clustfeiniais, ond fedrwn i ddim clywed yr un iaith, heblaw Sbaeneg.

Daliwn i loetran yn y cysgodion. Roedd y nos yn prysur ddisgyn, ac yn fy nghyflwr presennol, roedd yn well gennyf fod heb gwmni. Roedd fy nghwmni fy hunan yn fwy na digon i mi yr awr honno—awr y ffarwelio. Roeddwn fel pe bawn yn sefyll ar dir neb, wedi torri pob cysylltiad â'r gorffennol, a'r dyfodol mor dywyll, a minnau heb na ffydd na hyder i'w wynebu. Roedd gan Hannah fwy o ffydd nag oedd 'da fi. Roedd hi'n llawn gobaith, ac yn sicr yn ei meddwl y byddai William yn dychwelyd o Affrica yn ŵr cyfoethog, y byddai'n prynu ffarm iddynt yn Sir Gaerfyrddin, ac y byddent yn byw yn hapus byth wedyn.

Hannah druan. Daeth hynna â fi'n ôl yn ddisyfyd i'r presennol. Roedd ei hafiechyd yn achosi poen a gofid i mi, ac os na fyddai newid yn ei chyflwr, a hynny'n fuan, fyddai hi ddim yma i groesawu ei gŵr 'nôl.

Erbyn hyn roedd y lampau wedi'u cynnau, ac yn yr hanner tywyllwch gwelwn Nhad yn bustachu cario dau fag anferth, un ym mhob llaw. Bagiau pwy? Yna clywn ei lais yn galw yn Saesneg ar rywun o'r tu ôl iddo. Nhad yn siarad Saesneg! Doedd fy Saesneg i ddim yn ddigon da i'w ddeall, ond synhwyrais ei fod wedi cwrdd â rhywun na fedrai Sbaeneg. Clywais wedyn y geiriau 'my dear', a gwyddwn beth oedd ystyr y rheini. Craffais, a gwelais ddynes dal wedi ei gwisgo'n ffasiynol, ac ar ei phen hat ddu ac iddi gantel fawr. A dyma fe'n awr yn ymarfer ei Saesneg ar y ddynes yma—'Yes, my dear, yes my dear'—ac yn diferu tendans arni. Roedd yn f'atgoffa o gorgi bach a welais ar ffarm cymydog yn y Wladfa. Rhedai hwnnw o gwmpas y gwartheg, gan gyfarth yn ddi-baid, a heb y syniad lleia' o beth i'w wneud â nhw. Felly Nhad; stwcyn o ddyn bach yn rhedeg o gwmpas y ddynes dal, heb wybod beth i'w wneud â'r bagiau a gariai drosti.

Nhad druan, roedd fel gwlanen yng nghwmni merched tal, gosgeiddig. Diolch i'r drefen, roedd y rheini'n brin yn y Wladfa neu mi fyddai wedi priodi am y drydedd waith, rwy'n sicr. Roedd yr ychydig a oedd yno naill ai'n briod, neu yn ei adnabod yn rhy dda i wneud sylw ohono fe a'i gymadwye.

Ond roedd yr hen anian yn dal yn fyw—yn fyw iawn hefyd—a minnau'n credu ei fod yn rhy hen erbyn hyn i gael ei ddenu gan unrhyw ddynes. Roedd ymhell dros ei drigain, ei gam wedi byrhau, yn drwm ei glyw a'i wallt yn gwynnu. A hithau? 'Nôl y cip a gefais i arni, doedd hi fawr hŷn na fi!

Diflannodd y ddau i waelodion y llong, a'r olwg olaf a gefais i ohonynt oedd ei weld yn ei harwain i lawr y grisiau mor ofalus. Gwenais am y tro cyntaf ers wythnosau.

Roeddwn yn benderfynol nad awn i gysgu y noson honno. Roedd y llong i hwylio ar doriad gwawr, ac roeddwn am fod yn llygad-dyst o'r ymadawiad. Roeddwn hefyd am anadlu awyr Ariannin am y tro olaf, yr awyr a'm cadwodd yn fyw am ddeng mlynedd ar hugain. Gwyddwn fy mod yn blentynnaidd ac afresymol, ond mae pob rheswm yn cilio pan fo hiraeth ac iselder yn rheoli'r ysbryd. Cerddais o gwmpas am oriau; roedd pawb heblaw morwr neu ddau wedi mynd i'w gwâl.

Syllais i'r pellter a gwelais oleuadau'r ddinas yn diffodd o un i un. Syllais i'r dyfnder, heb weld dim; dim ond clywed sŵn y tonnau, a chri ambell aderyn y môr.

Lawer gwaith y bûm ar ddi-hun drwy'r nos yn dyheu am doriad gwawr, ond y noson honno, a minnau'n hollol effro, ni fynnwn groesawu'r bore. Ond fe ddaeth mor ogoneddus ag erioed; yr un pryd clywais gyffro o'm cwmpas, y morwyr yn paratoi i hwylio. Roedd yr heddwch drosodd.

Clywais y rhaffau'n crafu a gollwng, ac yn araf a di-stŵr llithrodd y llong tua'r môr mawr, ar ei ffordd i Gymru.

Sefais innau ar y dec, ar fy mhen fy hun, gan chwifio cadach gwyn ar y tir—tir fy magwraeth, oedd yn araf ddiflannu yn y pellter. Doedd neb yno i chwifio 'nôl. Meddiannwyd fi gan ddiflastod ac iselder tywyll du. Ffarwél, Archentina. 'Cas gŵr nas caro'r wlad a'i maco.'

Mor braf oedd awyr iach y môr, ar ôl gwres crasboeth ganol haf y tir mawr. Hwyrach y byddai Hannah hefyd yn teimlo'n well ar ôl 'madael â'r lojin trychinebus hwnnw. Ond roedd yn dal â'i hwyneb at y wal, ac yn gwrthod siarad na bwyta. Doedd ganddi ddim diddordeb yn ei chrwt bach, a rhaid oedd i mi gymryd gofal ohono yn gyfan gwbl.

Doedd y bwyd ddim cynddrwg—digonedd o datws, cig a bara, a the i'w olchi i lawr.

Treuliai Nhad ei holl amser yn dilyn y Saesnes dal, landeg o gwmpas. Roedd cywilydd 'da fi ohono, a dwedais hynny wrtho heb flewyn ar fy nhafod, ond i ddim pwrpas. Mae'n amhosibl tynnu cast o hen geffyl na thynnu hen ddyn oddi wrth ei reddf. Mrs Tomson oedd enw'r fenyw, mae'n debyg, ac roedd yn destun syndod i mi beth yn y byd a welai yn Nhad. Roedd y ddau'n cadw'n ddigon pell oddi wrthyf i, cyn belled ag y medrai unrhyw un wneud ar long mor fechan. A beth yn y byd mawr a welai'r Saesnes yn Nhad? Pan ddaeth cyfle, es ato, a dweud yn siarp,

'Nhad, r'ych chi'n gwneud ffŵl perffaith o'ch hunan. Mae'r fenyw 'na yn gwneud sbort ar eich pen chi.'

'Paid â siarad ar dy gyfer, lodes. Mae wrth ei bodd yn dysgu Saesneg i fi.'

'A beth yw'r awydd mawr i ddysgu Saesneg? I Gymru rydyn ni'n mynd, nid i Loegr.'

'Dwyt ti ddim yn deall, Ellen. Mae'n rhaid wrth Saesneg da, p'le bynnag yr ei di, ac mae hyd yn oed hanner pobol Cymru yn Saeson uniaith erbyn hyn. Mae arna i ofn dy fod yn anwybodus iawn.'

A bant ag e.

Falle 'mod i'n anwybodus, ond roeddwn yn ddigon effro i wybod mai esgus i gyd oedd y gwersi Saesneg bondigrybwyll.

Daeth hen atgofion sbeitlyd yn ôl. Cofio amdanom ar ein gwyliau yng Nghymru, ddeuddeng mlynedd yn ôl; cofio amdanom yr amser hwnnw yn Llanwrtyd, ac yntau'n colli ei ben yn lân dros ferch oedd flynyddoedd yn iau nag e. Roedd honno hefyd yn olygus, yn ffasiynol, ac yn gallu siarad Saesneg.

Druan ohoni. Fe gafodd ei swyno gan dafod teg Nhad, ei darbwyllo ganddo fod bywyd ym Mhatagonia yn fywyd llawn o fanteision a bendithion, a bod yr haul yn tywynnu yno'n feunyddiol. Priodi, a hwylio'n llawn hyder am wlad yr addewid.

Ond fe ddaeth y dadrithio'n fuan iawn. Bu'r bywyd syml, gwerinol, y gwaith caled, a'r unigrwydd yn ormod iddi. Bu farw o hiraeth a thorcalon ymhen dwy flynedd.

Rhaid i chi gael eich magu ym Mhatagonia i werthfawrogi ei mawredd. A phan ddaeth awr y ffarwelio roedd Nhad yn hollol barod i ymadael â'r lle. Yng Nghymru y cafodd ef ei fagu, ond roeddwn i'n wahanol. Cefais i fy magu a'm meithrin yno, ac i mi doedd dim gwlad arall yn y byd i'w chymharu â hi.

A dyma fi eto, yn gweld hanes yn cael ei ailadrodd. Ond doedd y sefyllfa ddim yn hollol yr un fath chwaith; roedd Nhad yn hŷn erbyn hyn, a heb gartre i ddenu unrhyw ddynes i rannu'i bywyd ag e. Ond roedd yr hen ŵr yn dal i dreio, a fedrwn i ddim llai na gwenu wrth wylio ei ymdrechion pitw. Roedd Nhad yn gallu tipyn go lew o Saesneg. Wedi'r cyfan, roedd yn ddeg ar hugain oed yn ymfudo i'r Wladfa, a rhaid ei fod wedi cwrdd â llawer o Saeson yn ei siop lyfrau yn y Rhondda. Heblaw hynny, cafodd ei addysg fore i gyd trwy gyfrwng y Saesneg, a thrwy'i oes roedd yn dal i gyfri ei arian a dweud ei dablau yn Saesneg, tra oeddwn i, oedd wedi fy magu saith mil o filltiroedd o Gymru, yn rhifo a chyfri yn Gymraeg. Rhyfedd o fyd!

Mi fyddwn wedi mwynhau'r dyddiau tesog hynny ar y môr oni bai am Hannah. Roedd hi'n dal i orwedd yn ei chaban, yn gwrthod bwyd, dim ond yfed dŵr yn ddi-baid. Roedd yn gwrthod siarad ac yn gwrthod gwneud unrhyw sylw o'i chrwt bach. Roedd yntau'n flin, y bwyd yn anaddas i blentyn, a minnau'n colli f'amynedd at y bychan, a hynny heb reswm. Os nad oedd hiraeth, a diffyg ffydd yn y dyfodol, yn rheswm ac yn effeithio arna i'n ysbrydol.

Ond fûm i erioed yn berson mamol, a gwirioni ar fabanod merched eraill. Ac roedd 'na reitiach gwaith i'w wneud, heblaw gwarchod y plentyn. Roeddwn wedi cario fy nghwilt o glytiau gyda mi yn y bag, gan obeithio y cawn amser i'w orffen ar y fordaith. Roeddwn wedi casglu tameidiau bychain o ddefnyddiau dillad fy ffrindiau a'r gwlad-fawyr cyntaf, er cof ac edmygedd ohonynt, a'u pwytho'n gwilt lliwgar. Ond doedd dim gobaith mynd 'mlaen â'r gwaith tra bod Hannah yn dal mor ddi-ffrwt a diymadferth.

Roedd yn fordaith ddymunol dros ben, y môr yn llonydd, a haul didostur ganol haf yn cael ei leddfu gan yr awelon balmaidd. Pan gawn gyfle byddwn yn loetran a synfyfyrio ar fy mhen fy hun ar y dec—fi oedd piau'r prynhawniau, a dim ond fi. Dyna'r adeg y byddai Johnnie'n cysgu a phob copa walltog yn mwynhau *siesta*, pawb heblaw Nhad a Mrs Tomson, ac roedd y rheini'n cadw'n ddigon pell oddi wrthyf.

Un prynhawn safwn ar y dec yn gwylio'r adar yn disgyn ac esgyn, a'r tonnau'n ymlid ei gilydd, pan deimlais ryw anesmwythyd iasoer yn gafael ynof, a hynny heb unrhyw reswm. Roedd fel pe bai rhywun yn galw arnaf o'r dyfnderoedd. Roedd Nhad ym mhen pella'r dec yn dysgu Saesneg! Ond roedd rhywun yn rhywle'n dal i alw. Roedd yn brofiad arswydus, roedd rhywun yn rhywle mewn cyfyngder.

Rhedais i lawr i'r cabin, ac er braw i mi dyna lle roedd Hannah, nid yn y gwely, ond ar y llawr, yn noethlymun ac yn gwingo mewn poen. Er erfyn ac ymbil, gwrthododd fynd i'r gwely a gwisgo gŵn-nos. A dyna lle'r oedd hi, heb gerpyn amdani, mewn poen arteithiol, ei holl gorff yn crebachu gan y gwayw, ac yn ochneidio'n druenus. Roedd y llawr yn wlyb, a gwaed yn gymysg â'r gwlybaniaeth.

Cofiais am Mam, felly y bu hi farw. Cipiais Johnnie o'i grud a rhedais ag ef i'r dec i ofal Nhad, gan weiddi'n orffwyll,

'Nhad, mae Hannah yn marw! Rhaid cael help, ar unwaith!'

Fe ddeallodd Mrs Tomson fod rhywbeth mawr o'i le, ac meddai'n hollol ddigynnwrf, '*I am a nurse. Can I help?*'

Gwaeddais innau, '*Yes, yes, yes, quick, quick.*'

Diolch i'r nefoedd. Diolch am Mrs Tomson. Diolch am nyrs.

Rhuthrodd lawr i'r caban. Fe gymerodd un cip ar Hannah, a dweud mewn llais awdurdodol, llais a oedd yn hawlio ufudd-dod,

'*Hot water, towels, find the captain. At once, hurry!*'

Fe ddeellais bob gair, diolch byth. Chwilio am y capten, a rhoi'r neges iddo. Yntau'n dechrau holi, ond pan glywodd enw Mrs Tomson, rhuthrodd yntau hefyd, a chefais help i gario tri bwcedaid o ddŵr berwedig, a llieiniau sychu.

Roedd y sgrechiadau erbyn hyn yn oerllyd ac arswydus. Chlywais i erioed y fath leisiau annaearol. Ar brydiau peidiai'r sŵn, ond byddai'r distawrwydd mor frawychus â'r sgrechiadau. Yna ailddechrau, a'i holl gorff yn crebachu gan boen.

Roedd Mrs Tomson wedi torchi'i llewys, yn defnyddio'r llieiniau i'w golchi a sychu'r chwys oedd yn byrlymu ar ei hwyneb a'i thalcen, a phan oedd y poenau yn eu hanterth yn ei hannog i '*Empuje, Empuje*.'

Roeddwn i'n sefyll yno'n syfrdan, heb wybod beth i'w wneud. Roedd y lle mor gyfyng. Penderfynais lanhau ychydig o gwmpas, sychu'r llawr, gan ddefnyddio peth o'r dŵr poeth.

'*Stop it at once*,' gwaeddodd Mrs Tomson.

Stopiais.

'*Fetch more towels, more water, quick*.'

Ufuddheais.

Roedd rhai o'r teithwyr wedi clywed y sŵn, ac wedi synhwyro argyfwng, a dyna lle roeddent yn holi a stilio, a finne heb amser i'w hateb.

Rhedeg, rhuthro, cyrchu dŵr, a chlywed cwestiynau o bob tu: 'Sut mae hi?' 'Be sy'n bod?'

'Mae'n marw,' meddwn i. Hwythau'n gwneud arwydd y groes. Pabyddion bob un, a phob un yn cydymdeimlo.

Pan es i 'nôl â'r dŵr, bûm bron â llewygu. Roedd coesau Hannah yn yr awyr, Mrs Tomson ar ei gliniau yn tynnu, tynnu, tynnu ar rywbeth â'i holl nerth, a'r sgrechian yn fyddarol.

Fedrwn i ddim dal rhagor, a dyma finne'n sgrechian,

'Mae'n marw, mae'n marw, gadewch lonydd iddi, gadewch iddi farw. Peidiwch ag aflonyddu arni. Stopiwch. *Stop it*.'

Wn i ddim a ddeallodd hi rywfaint o'r hyn a ddwedais, ond yn sicr fe ddeallodd rywfaint o ystyr fy neisyfiad. Cododd ei golygon am eiliad a dywedodd mewn llais miniog diamynedd,

'*Shut up!*'

Roeddwn wedi cael mwy na digon. Es ma's o'r golwg. Teimlwn mor ddiymadferth, mor ddi-ddim, yr unig help fedrais i ei roi oedd cario dŵr. Rhuthrai pob math o feddyliau yn driphlith, draphlith drwy 'mhen. Roeddwn yn sicr fod Hannah yng nghrafangau angau. Cofiais am Mam. Tybed? Tybed a oedd Hannah ar fin esgor? Dyna'r tro cyntaf i'r posibilrwydd groesi fy meddwl. Ai marwolaeth felly a gafodd Mam? Roeddwn i'n crwydro'r Paith yn chwilio am help ar y noson ofnadwy honno, a phan ddes 'nôl ar doriad gwawr, roedd hi wedi hen farw, a'r gwaed wedi ceulo ar y llawr yn dyst o'i dioddefaint. A fu hi yn sgrechian a gweiddi am help 'run fath â Hannah, a neb yno i roi help llaw? Dim ond un ar ddeg oed oeddwn ar y pryd, a doeddwn i ddim yn deall. A doeddwn i ddim yn deall llawer mwy hyd yn oed heddiw.

Beth ddeuai o Johnnie bach ar ôl colli ei fam? Sut medrwn i edrych ar ei ôl, ac ennill fy mywoliaeth?

Pam? Pam?

Ceisiais weddïo, ond roedd y geiriau'n pallu dod.

Yn sydyn, distawodd y synau erchyll! Dim sŵn o gwbl. Dim ond tawelwch, y tawelwch annaturiol hwnnw sy'n dilyn marwolaeth.

Agorais y drws yn ofnus. Roedd Hannah yn gorwedd yn llonydd ar y llawr, a'i llygaid ynghau, ond yn anadlu'n dawel.

Diolch i Mrs Tomson. Diolch i Dduw.

Roedd Mrs Tomson yn edrych yn welw a lluddedig, ei ffrog wen hardd yn waed i gyd, ac meddai mewn llais fflat, blinedig,

'*It's a boy, and he's dead.*'

Pennod X

Nid tan yr hanner awr olaf o salwch Hannah wnes i sylweddoli beth oedd y rheswm am ei hanhwylder. Roeddwn wedi bod yn dwp ac anystyriol. A Hannah? Pam na fasai hi wedi ymddiried ynof, a chyffesu ei bod yn feichiog?

Ond doedd dim amser i bendroni am a fu. Rhaid oedd clirio'r llanast. Rhaid oedd cael Hannah yn ôl i'r gwely. Rhaid oedd ei 'molchi a gwisgo gŵn nos amdani. Rhaid oedd dweud wrth Nhad. Rhaid oedd dweud wrth y capten. Rhaid, rhaid—rhaid oedd gwneud cant a mil o orchwylion.

Codwyd Hannah 'nôl i'w gwely yn weddol ddidrafferth; daliai i gysgu. Roedd mor ysgafn â phluen ac wedi llwyr ymlâdd.

Roeddwn mor ddiolchgar i Mrs Tomson. '*Thank you, thank you, muchas gracias*, Mrs Tomson.'

A'i hunig ateb oedd,

'*Clear the mess, and tell the Captain,*' ac i ffwrdd â hi a'm gadael i glirio'r llanast a'r babi marw.

Wyddwn i ddim ble i ddechrau. Ddylwn i olchi'r babi? Ond i ba ddiben? Ei daflu i'r môr fyddai raid. Fe'i lapiais yn dirion-ofalus mewn lliain (un o lieiniau'r capten). Roedd yn sobor o debyg i sgwarnog bach wedi'i flingo. Doedd gen i ddim teimlad o gwbl tuag at y corff bach, y corff bach a fu farw, cyn cael byw. Yn wir, teimlwn yn falch ei fod yn farw. Hynny oedd orau, yr unig ffordd yn wir i ddatrys ein holl broblemau. Sut yn y byd mawr y medrem ni ymdopi â phlentyn arall? Roedd gofalu ar ôl Johnnie yn ormod o dasg i Hannah.

Trwy lwc roedd dŵr ar ôl yn y bwcedi, a dyma fynd ati ar fy mhenliniau i glirio'r stecs, neu'r *mess* fel y'i gelwid gan Mrs Tomson. Roedd gweld gwaed yn ddigon i godi cyfog arna i.

Cofiais amdanaf yn gwneud yr un weithred ddeunaw mlynedd yn ôl yn Llain-las, a minne'n blentyn. Golchi'r gwaed oedd ar y llawr pridd, a Mam yn gorff marw yn y gwely, er na wyddwn i mo hynny ar y pryd. Ond y tro hwn roedd un gwahaniaeth mawr, roedd Hannah yn fyw. Fe gafodd hi help yn ei hawr gyfyng—bu farw Mam yn unig, heb gymorth.

Ac ar fy mhenliniau yn y fan honno yng nghanol y llanast, o'r diwedd mi fedrais weddïo, neu o leiaf ddiolch: 'O! Dduw, diolch am achub bywyd Hannah, diolch am help mewn cyfyngder, diolch am nyrs, diolch am nerth i oresgyn gofidiau—diolch, diolch, diolch.'

Roeddwn ar fin diolch am farwolaeth y babi, ond ateliais mewn pryd. Rhyfyg fyddai hynny.

Pan oeddwn wrthi'n glanhau daeth Mrs Tomson 'nôl wedi ymolchi a newid, ac yn edrych yn ddel a glân, ac meddai mewn Sbaeneg clapiog,

'Rydw i wedi dweud wrth eich tad a'r capten. Teflwch y babi i'r môr. *Muchas gracias.*'

Yna, edrychodd ar Hannah, gosod ei llaw ar ei thalcen, cymryd ei phŷls a mynd.

Dyma finne'n ailddechrau eto, gan orfodi fy hun i ddal y cyfog 'nôl, golchi, sychu, glanhau, golchi llieiniau, a'r babi'n dal yno. Rywsut doedd mo'r galon 'da fi i fynd yn bensych i'w daflu i'r dŵr mawr, 'run fath â thaflu bwcedaid o sbwriel.

Roedd Hannah yn dal i gysgu'n dawel. Ond fedrwn i ddim taflu'r corff bach i'r môr ar fy mhen fy hun. Ac onid oedd yn ddyletswydd ar y capten i gynnal ryw fath o wasanaeth crefyddol wrth daflu corff dynol i'r dyfnderoedd?

Ond dyma'r capten yn cyrraedd yn sarrug ddiamynedd.

'Ble mae'r corff?'

Dangosais ef iddo. Cydiodd ynddo fel cydio mewn cwdyn o sbwriel, ac i ffwrdd ag e.

Rhedais ar ei ôl. Teimlais am y tro cyntaf fod yr erthyl bach marw-anedig yn rhan o'n teulu ni—plentyn William a Hannah a'm nai innau—plentyn a genhedlwyd mewn cariad gorffwyll, plentyn eu ffarwél.

Dilynais y capten i lan i'r dec. Wedi cyrraedd agorodd y lliain, ac yna taflu'r bychan yn ddiseremoni i'r dwnsiwr du oddi tanom. Fe gadwodd y lliain.

'Gweddïwch,' meddwn i, 'gweddïwch, *Rece. Rece. Ora. Ora.*'

'*No ha sido bautizado.*'

Heb ei fedyddio? Pa ots oedd hynny? Babi yw babi, bedyddio neu beidio.

Fe geisiais i weddïo, ond roedd surni ar fy nhafod, fy ngwddf yn grimp, a'r geiriau'n pallu dod. Ond daeth adnod i'm cof, rywle o'r isymwybod.

'Gadewch i blant bychain ddyfod ataf i, ac na waherddwch hwynt, canys eiddynt yw teyrnas nefoedd.'

Teimlais yn well.

Diflannodd y capten, ac roeddwn ar fy mhen fy hun. Chwipiai'r tonnau'r llong, criai gwylan yn wylofus uwch fy mhen, roedd sŵn cnocio'r injan yn y pellter, a'r cyfan yn creu rhyw undod afreal oedd yn cyd-fynd â'm cyflwr meddyliol cythryblus i.

Wyddwn i mo'r nesaf peth i ddim am enedigaeth; wyddwn i ddim tan heddiw am y gwewyr a'r boen. Ddeunaw mlynedd yn ôl bu farw Mam ar enedigaeth plentyn. Wyddwn i ddim ei bod yn feichiog, wyddwn i ddim beth oedd beichiogi, ac roedd y cyfan yn ddirgelwch arswydus i blentyn un ar ddeg oed.

A dyma'r ail enedigaeth i mi ei wynebu a minne'n ddeg ar hugain oed erbyn hyn, ac yn dal i fod bron mor anwybodus ag oeddwn ddeunaw mlynedd yn ôl.

Wyddwn i ddim oll am gyfrinachau gŵr a gwraig. Bu Mam farw cyn fy ngoleuo ar ffeithiau mawr bywyd. Ac roedd cenhedlu, beichiogi a geni yn gryn ddirgelwch i mi. Roedd y ddau brofiad o enedigaeth a welais yn hunllefus, golchi gwaed pan fu farw Mam a golchi gwaed Hannah heddiw. A hefyd gorfod gwrando ar sgrechiadau arswydus Hannah; byddant yn atseinio yn fy nghlustiau am byth bythoedd.

Roedd arnaf ofn gwaed. Rwy'n cofio pan gafodd William niwed i'w goes, a'r gwaed yn pistyllio. Gorfu i mi ddanfon am Mrs Jones, ein cymydog agosaf, i drin ei glwyf. Roeddwn i wedi troi fy lliw, a bron â llewygu.

Cofio, cofio, a'r cofio'n agor hen glwyfau na fynnent wella.

Cofio amdanaf yn blentyn pedair ar ddeg oed, rhyw dair blynedd ar ôl marw Mam, yn deffro'n sydyn ganol nos a gweld gwaed ar gynfas y gwely. Codi mewn dychryn a gweld mai fi oedd yn gwaedu. Cerdded yn wallgo o gwmpas y stafell heb wybod pam, na gwybod beth i'w wneud. Fy meddwl plentyn yn neidio'n wyllt i'r posibilrwydd fy mod ar fin geni babi. O gofio am Mam, roedd gwaedu'n gyfystyr â genedigaeth i mi. Pwyllo ac ystyried. A thynnu ar fy ngwybodaeth gyfyng. Roedd yn rhaid cael tad a mam cyn rhoi genedigaeth i blentyn.

Cofio wedyn am Sarah fach o'r Gaiman. Fe gafodd hi, 'nôl y sôn, fabi heb dad iddo. Roedd pawb yn edrych i lawr arni, yn ei gwawdio a'i dilorni. Cafodd ei halltudio o'r Capel, a doedd neb yn ei gweld yn unman. Ai dyna fyddai fy nghynged i?

Cerddwn o gwmpas mewn dychryn ac ofn. Yn y diwedd penderfynais aros yn y gwely a chuddio fy hun oddi wrth bawb a phopeth. Yna Nhad yn cnocio'n ddiamynedd ar y drws a gweiddi,

'Ellen, dere 'mla'n, cwyd ar unwaith, ry'n ni i gyd yn disgwyl am frecwast.'

Roedd yn rhaid i mi ddweud rhywbeth, rhoi rhyw fath o esboniad.

'Fedra i ddim codi, Nhad, rydw i'n gwaedu.'

Distawrwydd.

Yna Nhad yn dweud yn dawel, a thinc o dristwch yn ei lais,

'Aros yn y gwely, 'merch i, mi ofynna' i i Mrs Jones, Rhymni, ddod atat ti.'

A gyda Mrs Jones, Rhymni, y deuthum i wybod am y gwaedu—y gwaedu misol sy'n rhan hanfodol o batrwm bywyd pob merch.

Ond doedd dim da yn deillio o ymdrybaeddu mewn hen atgofion. Roedd y presennol yn galw. Hannah ag angen ymgeledd, Johnnie eisiau bwyd a minnau eisiau 'molchi a newid.

Roedd Hannah yn dal i gysgu'n esmwyth, a gadewais iddi fod. Es i chwilio am Nhad a Johnnie, a dyna lle'r oedd y ddau yn eistedd ar y dec yn yr hanner tywyllwch—Johnnie yn cysgu'n drwm ym mreichiau ei Dad-cu.

'Beth am fwyd i Johnnie bach?'

'Mae Mrs Tomson wedi ei fwydo.'

Unwaith eto, diolch am Mrs Tomson.

Pennod XI

Aeth y dyddiau dilynol heibio'n dawel a dihelynt, yn rhy dawel efallai, fel tawelwch o flaen storom. Er mawr syndod i mi roedd Nhad yn rhyfedd o ddywedwst, fel dyn mewn sioc, gan ofyn bob hyn a hyn sut oedd Hannah.

'Pam na faset ti wedi dweud wrtho i am gyflwr Hannah?'

'Wyddwn i ddim, Nhad.'

'Ddwedodd hi ddim wrthot ti?'

'Naddo.'

'Mae'r groten 'na'n ddirgelwch i fi. Dyw hi'n hidio dim amdanon ni o gwbwl. Druan â William. Mae e wedi cael posi pen-seld. Sut mae honna'n mynd i ffitio mewn i fywyd yng Nghymru, dweda?'

'Mi fydd hi'n iawn pan ddaw William 'nôl.'

'Ie, os byth y daw e'n ôl, Ellen.'

Roedd hen amheuon felly wedi croesi fy meddwl innau hefyd, ond teflais nhw bant. Digon gofid pan ddelo, doedd dim angen mynd i'w gyfarfod.

Daliai Hannah yn llipa welw yn ei gwely cul, ond roedd y dagrau wedi peidio. Dim ond ambell ochenaid ddofn o ddyfnderoedd ei henaid a glywyd bellach.

'Wyt ti'n teimlo'n well, Hannah?'

Dim ateb.

'Hannah, dwed rywbeth. Edrych, dyma Johnnie bach wedi dod i dy weld di.'

Dim gair. Rhoi cynnig arall arni.

'Hannah, pam na faset ti'n dweud dy fod yn disgwyl babi?'

'Ofn.'

'Ofn pwy, ofn beth?'

'Ofn cael fy ngadael ar ôl ym Mhatagonia.'

'Paid â becso, mae popeth drosodd nawr. Wyt ti'n teimlo'n well erbyn hyn?'

'Na 'dw.'

Dim gair am y babi marw.

'Be sy'n bod, Hannah?'

'Edrych.'

Fe dynnodd y gynfas 'nôl. Fel arfer, doedd dim amdani dan y gynfas, ac eithrio'r groes am ei gwddf, ac fe ddaliai'n dynn yn honno mewn ystum herfeiddiol. Awgrymais yn garedig,

'Hannah, gwisg ŵn-nos, mi fyddi'n teimlo'n well.'

Roedd 'da fi gywilydd ohoni.

'*No, no, no.*'

Roedd hi'n bihafio fel plentyn maldodus, ac yn wir, doedd hi fawr hŷn na phlentyn. Doedd hi ddim yn un ar hugain eto.

Ond yn amlwg, roedd rhywbeth mawr o'i le. Doedd ond eisiau edrych ar y bronnau cochlyd chwyddedig, a'r chwys yn byrlymu o'i thalcen i wybod ei bod yng nghrafangau twymyn. Fe glywais lawer gwaith am wragedd yn dioddef a marw o'r dwymyn laeth. Tybed?

Rhaid oedd galw ar Mrs Tomson unwaith eto. Dyma redeg yn wyllt â Johnnie yn fy mreichiau lan y dec a chwilio amdani. Ac fel arfer roedd hi a Nhad yn eistedd yng nghwmni ei gilydd. Hyhi dan ymbarél gwyn anferth a Nhad â macyn coch am ei ben yn cysgodi rhag pelydrau tanbaid yr haul. Gwaeddais yn wyllt.

'Nhad, cymrwch ofal o Johnnie, mae Hannah yn sâl iawn unwaith eto.'

Deallodd Mrs Tomson fod rhywbeth o'i le a throdd i ofyn i Nhad. Ond cyn iddo gael amser i ateb, dyma fi'n dweud yn wyllt,

'Mrs Tomson, *come please,* Hannah *bad, very bad.*'

Er mawr glod iddi, rhedodd o'm blaen i'r caban. Tynnodd y gynfas 'nôl. Edrychodd arni'n syn am funud, ac roedd dychryn yn ei llygaid.

'*Good Lord!*' oedd ei hunig ymateb. Trodd ata i, a dweud mewn llais argyfyngus,

'*Run, ask the captain for cold water, towels and vinegar.*'

Fe ddeellais y gorchymyn a rhedais, gan weddïo yn fy nghalon bob cam o'r ffordd, ac fel arfer yn methu'n lân â chael y geiriau mas, 'O! Dduw, O! Dduw, O! Dduw.'

Roedd yngan enw Mrs Tomson yn gweddnewid y Capten, ac fe ruthrodd yntau i gael tywelion, dŵr a finegr.

A dyma ddechrau ar y driniaeth. Gwlychu'r tywelion mewn dŵr a finegr a'u gosod ar ei bronnau, un ar ôl y llall, yn gyson am dros awr o amser. Roedd Hannah yn amlwg mewn poenau enbyd, yn ochneidio, yn chwysu ac yn cyfogi. Cefais y gwaith o sychu'r chwys a dal ei phen pan oedd y cyfog yn ei anterth. Am hydoedd bu Mrs Tomson yn gwasgu'i bronnau yn y gobaith y gallai lacio'r tyndra, ond doedd dim yn tycio.

Yn sydyn, peidiodd, ac eisteddodd ar yr unig gadair oedd yno, mewn anobaith llwyr. Deliais i sychu'r chwys oddi ar gorff Hannah gan sibrwd geiriau bach amwys, diystyr o galondid, ond roedd hi druan yn rhy wael i ymateb.

Yna'n sydyn, fel pe bai'n cael gweledigaeth o'r newydd, gwaeddodd Mrs Tomson, '*Fetch Johnnie, at once!*'

Rhedais eto; dyna'r unig wir wasanaeth fedrwn i gyflawni mewn argyfwng. Rhedeg lan i'r dec i mofyn Johnnie, heb wybod pam, ond roedd llais awdurdodol Mrs Tomson yn fy ngyrru 'mlaen. Roedd y plentyn yn cysgu'n drwm ym mreichiau ei dad-cu. Cydiais ynddo'n ddiseremoni—doedd dim amser i esbonio, hyd yn oed pe bai 'da fi esboniad i'w roi. Erbyn hyn roedd y plentyn yn bloeddio crio ar ôl cael ei ddihuno mor ddirybudd. I lawr â ni i'r cabin ar ras wyllt. Cydiodd Mrs Tomson ynddo heb wneud y sylw lleiaf o'r sgrechfeydd. Rhoddodd ef ar fron ei fam gan ddweud un gair yn unig, '*Suck!*'

Bu'r babi'n sgrechian a strancio am ddeng munud a mwy, ond dal ati a wnaeth Mrs Tomson gan wthio'r deth i'w geg. Yna distawrwydd. Roedd y plentyn yn sugno. Eisteddodd Mrs Tomson unwaith eto ar y gadair, a'r tro yma roedd gwên foddhaus ar ei hwyneb.

'*Thank the Lord.*'

Bu Johnnie'n sugno am gryn ddeng munud. Roedd yn amlwg yn sychedig ac eisiau bwyd. Symudodd ef at y fron arall—rhagor o

56

wawchian. Ond mewn byr o dro fe ddechreuodd sugno'r ail fron. Ymhen deng munud arall roedd yn cysgu'n drwm ar fron ei fam. Roeddwn ar fin ei godi ond rhwystrwyd fi gan Mrs Tomson, a sylweddolais fod ei fam yn cysgu hefyd.

Edrychais ar Mrs Tomson mewn diolchgarwch gan ddweud yn Sbaeneg, '*Muchas gracias, Muchas gracias*, rydych wedi arbed bywyd Hannah unwaith yn rhagor.'

'*No*,' meddai'n dawel, '*Johnnie saved his mother's life*.'

Ymhen hir a hwyr deffrôdd y ddau, ac roedd Hannah yn edrych yn fwy naturiol a di-boen nag y'i gwelais ers misoedd lawer. Roedd y ffaith fod Johnnie'n sugno'i fam wedi datrys problem ddyrys—bellach câi laeth ffres bob dydd. Bu'r crwt bach yn dioddef o ddiffyg maeth ers wythnosau lawer, byth oddi ar iddo gael ei ddiddyfnu, fisoedd yn ôl. Ac oni bai am feichiogrwydd Hannah byddai'n dal i sugno.

A Mrs Tomson? Rhaid oedd i minnau newid fy meddwl amdani. Mae'n debyg taw Nhad oedd yr unig un ar fwrdd y llong a fedrai ryw gymaint o Saesneg. Gwraig i gapten llong oedd hi, ac yn ymuno â'i gŵr yn Madeira. Roedd hwnnw'n gweithio i gwmni Lamport a Holt ac yn teithio'n rheolaidd o Lerpwl i Buenos Aires. Bu'n aros yn Buenos Aires am wyliau gyda theulu capten ein llong ni, felly doedd dim rhyfedd yn y byd fod hwnnw'n rhedeg ac yn ufuddhau i alwad Mrs Tomson.

Oni bai am hynny, ac oni bai am bresenoldeb Mrs Tomson ar y llong, ac oni bai ei bod yn nyrs, ac oni bai ei bod hi a Nhad wedi cyfeillachu â'i gilydd, fyddai Hannah ddim byw heddi.

Oni bai? Oni bai? Ai dyna sy'n rheoli ein bywydau brau? Cyd-ddigwyddiad, ffawd, neu drefn rhagluniaeth? Byddai Nhad yn dweud yn bendant—trefn rhagluniaeth. Mi hoffwn innau gredu hynny hefyd, a daeth i'm cof eiriau Abram Mathews yn yr Ysgol Sul 'slawer dydd, 'Arf y diafol yw amheuaeth'.

Wrth synfyfyrio uwchben digwyddiadau'r dydd, doeddwn i ddim yn siŵr beth i'w gredu. Cydiodd hen deimlad anghysurus ynof, y teimlad fod y diafol yn sibrwd yn fy nghlust ar brydiau. Ac er mawr syndod i mi fy hun doedd dim llawer o ots 'da fi chwaith. Ond yn rhyfedd iawn roeddwn i *yn* poeni tipyn bach, am *nad* oedd ots 'da fi. Rhyfedd mor gymhleth y gall ein teimladau fod. Ond roeddwn yn sicr o un peth—byddai'n haws 'da fi ddelio â'r diafol na gydag ambell fod dynol.

57

Pennod XII

Erbyn hyn roeddem wedi teithio rhai miloedd o filltiroedd heb unrhyw ddigwyddiad arall o bwys. Roedd Johnnie yn dal i gryfhau, ac wedi colli'r olwg denau, hanner clemio oedd arno. Does dim fel llaeth y fron i fwydo ac atgyfnerthu babi.

A Hannah? Er ei bod yn dal yn wan ac yn denau, roedd wedi bywiocáu drwyddi. Sgrifennai lythyr at William bron yn ddyddiol, ac erbyn cyrraedd Madeira roedd ganddi sypyn sylweddol i'w bostio. Gofynnais iddi un diwrnod,

'Wyt ti wedi dweud wrth William am y babi?'

'Naddo.'

'Pam?'

'Doedd e ddim yn blentyn iawn.'

'Beth wyt ti'n 'i feddwl, Hannah?'

'Chafodd e mo'i fedyddio.'

'Wyt ti cynddrwg â'r capten, plentyn yw plentyn, bedydd neu beidio.'

Ar hyn, dyma hi'n codi'i llais, a chefais gip unwaith eto ar ei natur wyllt.

'Ellen, dwyt ti'n deall dim yw dim am fabis, nac am fedydd. Bydd ddistaw, dwi ddim eisiau clywed gair yn rhagor am y babi marw. A gofala di nad agori di dy geg wrth William chwaith.'

Doedd dim pwrpas ymresymu â hi, a chedwais yn ddigon pell oddi wrthi hyd nes i'r gwaed oeri. Roeddwn wedi hen ddysgu mai ofer oedd dadlau gyda phobol benstiff, benderfynol.

Doedd dim llawer o waith gwarchod Johnnie erbyn hyn; roedd yn blentyn diddig diddan, gan ei fod yn cael digon yn ei fol. Rhaid oedd i Nhad a minnau edrych ar ei ôl lawer iawn. Roedd Hannah yn treulio oriau'n ddyddiol yn sgrifennu ei hepistolau at William, a doedd neb i aflonyddu arni ar yr adegau hynny. Roeddwn innau'n brysur yn gwnïo fy nghwilt, ac yn benderfynol o'i orffen cyn cyrraedd Lerpwl.

Un prynhawn dyma hi, Hannah, yn rhoi gorchymyn digon awdurdodol i mi:

'Edrych ar ôl y plentyn, rydw i'n mynd i gael *siesta*.'

Roeddwn yn gwnïo'r cwilt ar y pryd a welwn i ddim ei bod yn ddyletswydd arna i i warchod y plentyn a hithau o gwmpas. Efallai mai'r diafol a sibrydodd yn fy nghlust!

'Na, fedra i ddim. Dy blentyn di yw Johnnie. Fe ddylet fod yn falch ohono, ac mae Johnnie wedi ei fedyddio.'

Ddwedodd hi 'run gair, ond troi ar ei sawdl, a gadael y plentyn i mi. Ac fe wnaeth hynny i mi feddwl, meddwl o ddifri. Byddai'n rhaid i mi gyd-fyw â Hannah am fisoedd, ac efallai am flynyddoedd, Duw a'm helpo. Rhaid fyddai i mi sefyll ar fy nhraed ôl fy hun a pheidio â rhoi mewn iddi, a gorau po gyntaf. Hyd yn hyn roedd ei hiechyd wedi bod mor fregus fel na fedrwn ei gwrthod, ond penderfynais o hyn ymlaen na fyddwn yn forwyn fach iddi ar unrhyw gyfrif. Penderfynais y byddai'n rhaid iddi sefyll ar ei thraed ei hunan, cymryd cyfrifoldeb llawn o Johnnie, a threfnu ei bywyd ei hunan gorau a fedrai. Gwyddwn fod ganddi arian i'w chynnal —roedd yn ferch gyfoethog o'i chymharu â fi.

Roedd Nhad yn dal i ddilyn Mrs Tomson o gwmpas, fel ci anwes, ac yn dal i ddysgu Saesneg, medde fe. Yn wir, erbyn hyn roeddwn yn ddigon balch o'r cyfeillgarwch oedd yn ffynnu rhyngddynt. Fe gadwodd hynny fe'n ddiddig, ac i beidio â phoeni'n ormodol am ddyfodol Hannah a Johnnie. Ac o ganlyniad i'r profiadau echrydus a ddioddefon gyda'n gilydd, fe ddaeth Mrs Tomson a fi yn ffrindiau da. Yr unig rwystr rhyngom oedd yr iaith. Ychydig iawn o Saesneg a fedrwn i'i siarad, ac ychydig iawn o Sbaeneg a fedrai hithau, ond cawsom lawer o hwyl yn ceisio deall ein gilydd. Ond doedd ganddi ddim golwg ar Hannah o gwbl.

'*You watch that Chilean, she is a little madam, and you see to it that she looks after that child of hers properly.*'

Ac o feddwl, roedd yr enw 'madam' yn gweddu iddi i'r dim.

Chawsom ni ddim gwyntoedd cryfion na stormydd yr holl ffordd o Buenos Aires i Madeira. Taith anarferol iawn o dawel, mae'n debyg. Wrth hwylio i mewn i borthladd Funchal, cafodd y capten rybudd i beidio â chwythu'r corn ac i ostwng y faner i'r hanner mast. Ac o sylwi, roedd tawelwch yn y porthladd, a phob llong a'i baner wedi'i gostwng. Pawb yn rhedeg lan i'r dec ac yn holi, holi. O'r diwedd, daeth y newydd trist fod Victoria, Brenhines Prydain Fawr, wedi marw. Rhyfedd fel y cafodd y newydd effaith ar bawb yn ddiwahân. Sbaenwyr ac Archentwyr oedd y mwyafrif ar ein llong ni a Phortiwgal oedd perchen Madeira. Ond roedd pawb yn galaru a Mrs Tomson yn wylo'n ddistaw, yn amlwg wedi ei chyffwrdd i'r byw.

Cofiais fy mod innau, pan oeddwn yn yr ysgol gyda R. J. Berwyn, wedi sgrifennu llythyr at Ei Mawrhydi Y Frenhines Victoria, yn ei holi am ei hiechyd, ac yn ei gwahodd i Batagonia am dro. Fe addawodd R. J. Berwyn ei bostio, a doedd 'Mishtir' byth yn dweud celwydd! Cefais siom am na welodd yn dda i anfon ateb ataf.

Gadawodd Mrs Tomson ni yn ei dagrau—dagrau ar ôl y Frenhines. Wn i ddim a oedd ambell ddeigryn ar ein holau ninnau hefyd yn gymysg â'r dagrau brenhinol. Rhoddodd slampyn o gusan ar foch Nhad. Gwridodd yntau fel hogyn ysgol. Gafaelodd hi yn dynn ynof finnau gan ddweud, '*Adios, Ellen, muchas gracias—do not let Hannah spoil your life.*'

Aeth i'r cwch, a hwyliai i'r ynys, gan chwifio hances gwyn hyd iddi ddiflannu o'r golwg. Chwifiais innau 'nôl.

'*Muchas gracias*, Mrs Tomson. Duw fo gyda thi.'

Arhosom yn Funchal am dridiau yn lle am ddiwrnod fel y tybiem. Dyna'r lle hyfrytaf a welais erioed. Roedd yno dawelwch; mwy na thebyg oherwydd marwolaeth y Frenhines. Doedd neb yn rhuthro, neb yn gweiddi, ac roedd y tywydd yn ddelfrydol, yr haul yn tywynnu a'r awelon balmaidd yn rheoli'r gwres.

Roedd plant yn nofio'n noethlymun yn y môr, ac yn plymio i'r dyfnderoedd i ddal ceiniogau a daflai'r teithwyr iddynt o'r llong. Roeddynt yn debycach i bysgod nag i blant. Dim ond ym Madeira y gwelais bysgod hedegog hefyd—roedd yn werth eu gwylio yn hedfan gymaint â phymtheg troedfedd uwchlaw'r môr, ac weithiau'n disgyn ar fwrdd y llong. Roeddent tua'r un maint â sgadan.

Âi Nhad i grwydro'r ynys bob dydd, ond dim ond un bore y bûm i ar y lan. Yn un peth doedd 'da fi ddim arian i'w wario, a hefyd roeddwn yn awyddus iawn i orffen y cwilt. Wrth roi'r clytiau at ei gilydd cefais syniad. Teimlwn y dylwn goffáu marwolaeth y Frenhines. Nid bob dydd mae brenhines yn marw. Felly, ar y sgwariau ar ganol y cwilt pwythais y geiriau hyn:

Our QUEEN is dead

Jan :21:

Our KING is Reign

1901

Rhan o'r cwilt yn nodi dyddiad marw'r Frenhines Victoria

Gyda help Nhad gwnes ymdrech i'w sgrifennu yn Saesneg er parch iddi hi a'i hiaith, ond ar ôl gwneud, roedd yn edifar gennyf, achos diben y cwilt oedd coffáu'r hen wladfawyr cynnar a rywsut doedd y ddau goffâd ddim yn cyd-fynd. Ond credai Nhad ei fod yn syniad penigamp.

'Roedd yn frenhines ar Gymry Patagonia hefyd,' meddai, 'yn ogystal ag ar Brydain Fawr.'

Wn i ddim yn siŵr a oeddwn yn cytuno ag e, ond wnes i ddim dadlau; fodd bynnag, byddai'n ormod o ffwdan i ddatod y pwythau.

Wrth wnïo deuai rhai o'r teithwyr eraill ataf i sbrotian holi ynglŷn â'r cwilt, a holi beth oedd yr iaith ryfedd oedd Nhad a finne'n siarad. Archentwyr oedden nhw o Buenos Aires yn teithio i Sbaen ar fusnes.

Dywedais wrthynt mae Archentwraig oeddwn innau hefyd; roeddent yn synnu ac yn rhyfeddu. Chlywson nhw erioed sôn am y Wladfa nac am Gymru. Rhaid oedd esbonio iddynt ble'n union roedd Cymru, y wlad fechan yn ffinio â Lloegr, a chanddi ei hiaith a'i diwylliant ei hun. Esbonio hefyd fod mintai o Gymry wedi sefydlu gwladfa fechan yng ngwaelod Patagonia, gan ddefnyddio'r un iaith a'r un arferion ag oedd yng Nghymru. A dyna gychwyn ar ribidires o gwestiynau. Mae pobol yn gallu bod yn fusneslyd!

'Archentwraig neu Gymraes ydych chi felly?'

'Archentwraig, wrth gwrs, ond Cymro yw Nhad, fe gafodd ef ei eni yng Nghymru ac mae e'n mynd 'nôl yno i fyw.'

'Ydych chi eisiau mynd 'nôl?'

'Nac ydw.'

'Wel, pam ych chi'n mynd?'

'Mynd i ofalu am fy nhad.'

'Ddowch chi 'nôl eto i Ariannin?'

'Go brin, does 'da fi ddim teulu yno mwyach.'

'Rydych chi'n siarad Sbaeneg da, ond gydag acen wahanol.'

'Acen Gymreig, mae fy Nghymraeg i'n well na fy Sbaeneg.'

Ac ymlaen, ac ymlaen yn ddiddiwedd yn holi'ch perfedd, gan fy ngwneud i deimlo 'mod i'n greadur rhyfedd iawn, ac yn perthyn o bell i'r dyn sy yn y lleuad.

*   *   *

Roedd Hannah yn gwella bob dydd, yn dal i fwydo Johnnie ar y fron, a hwnnw'n amlwg yn cael bendith o'r maeth. Does yr un drwg yn ddrwg i gyd.

Ond roedd yn dal i'w wthio arna i ac yn osgoi ysgwyddo'i chyfrifoldebau. Fi oedd yn gorfod newid ei gewyn, ei ymolchi a'i wisgo, ei warchod yn ystod y dydd, ac ateb ei gri yn y nos. Rhaid oedd troi'r tu min ati cyn bo hir, ac fe ddaeth y cyfle yn sydyn un prynhawn. Roeddwn i wrthi'n brysur yn cwiltio.

'Ellen, gwarchod Johnnie i mi.'

Dim 'os gweli di'n dda', dim 'a fedri di?'

'Pam? Ble wyt ti'n mynd?'

'Rydw i eisiau mynd am dro i'r ynys.'

'Wel, cer â Johnnie gyda thi, rydw i'n brysur.'

'Alla i byth â mynd ag e ar y cwch, mae'n amhosibl.'

'Wel, aros ar y llong 'te. Rwyt yn gallu gweld yr ynys o'r llong.'

'Ond rydw i eisiau mynd i weld y siopau.'

'Pam?'

'Sdim ots pam, fy musnes i yw hynny.'

'Gwranda, Hannah, dy fusnes di ar hyn o bryd yw gofalu am dy blentyn.'

'Ond, Ellen, wyt ti'n gallu edrych ar ei ôl gymaint gwell na fi.'

'Ydw, er mawr gywilydd i ti, ac o hyn mas, rydw i'n gwrthod gwneud dim drosto. Wyt ti'n deall?'

'Wyt ti'n hen fenyw galed iawn.'

Doedd fy ngalw'n 'hen fenyw' ddim yn gwella'r sefyllfa.

'Falle 'mod i. Ond rwyt ti wedi gwella nawr, a dim ond ei fwydo yr wyt ti, a sgrifennu llythyrau'n dragwyddol at William.'

Roedd clywed enw William yn ormod iddi, a dyma gychwyn snwffian a ddatblygodd yn grio gwylofus. Ond roeddwn yn styfnig o benderfynol a chofiais eiriau Mrs Tomson, '*Do not let Hannah spoil your life.*'

Codais innau fy llais.

'Hannah, gwranda arna i, unwaith ac am byth. O hyn ymlaen, ti fydd yn ymgeleddu Johnnie, gwneud pob dim drosto a thi fydd yn gyfrifol amdano bob awr o'r dydd a'r nos. Wyt ti'n deall?'

Gyda phob gair o'm heiddo, roedd y crio'n cryfhau, a'm hamynedd innau'n byrhau. A dyma droi ati'n chwyrn.

'Does dim rhagor i'w ddweud, a rydw i wedi penderfynu mai ti a thi'n unig fydd yn gofalu ar ôl y plentyn o hyn mas. Unwaith eto, wyt ti'n deall?'

Wnaeth hi ddim addo, nac ateb, dim ond dal i grio. O weld ei fam yn llefain, dyma Johnnie'n ymuno yn y gân. Gadewais y ddau i fwynhau eu deuawd aflafar.

Na, doedd Hannah ddim wedi deall, doedd hi ddim eisiau deall.

Pennod XIII

Roedd Nhad ar goll ar ôl ymadawiad Mrs Tomson. Sbaenwyr oedd gweddill y teithwyr, ac wedi closio at ei gilydd, tra oedd Nhad yn closio at Mrs Tomson. Mae'n debyg taw teithwyr i Lisbon ac i Sbaen oeddynt i gyd, heblaw amdanom ni.

Doedd Nhad ddim wedi torri gair â Hannah oddi ar genedigaeth y babi. Roedd yn dal i deimlo'n ddig wrthi, dicter am ei bod wedi'n twyllo i gyd. Roeddwn i mor ddig wrthyf fy hunan ag oeddwn tuag at Hannah. Sut yn y byd y bûm i mor dwp? Ac roedd Nhad erbyn hyn yn fy meio innau hefyd.

'Roedd bai arnat ti na faset ti wedi synhwyro natur ei salwch.'

'Beth amdanoch chi?'

'Mae merched i fod i ddeall pethau fel'na yn well na dynion.'

'Clywch, Nhad, doedd neb i'w feio, dim ond Hannah ei hun. Ac roedd gormod o ofn ar y gradures fach i gyffesu'r gwir.'

'Ofn? Ofn beth, ofn pwy?'

'Eich ofni chi yn un, ac roedd gyda hi ddigon o reswm hefyd i'ch ofni.'

'Pam wyt ti'n dweud 'na, Ellen?' Roedd wedi ei gyffroi braidd erbyn hyn.

'Ofn y byddech chi'n ei gadael ar ôl, heb neb i'w chysuro. Dyna be wnaech chi ynte?'

'Wn i ddim wir, wn i ddim.'

'Ie, wrth gwrs, dyna beth oedd eich bwriad—peidiwch â gwadu hynny.'

'Wel, mi fase'n rhwyddach hebddi.'

'Base, wrth gwrs, ond addewid yw addewid, a rhaid inni wneud ein gorau iddi er mwyn William.'

'Rydyn ni wedi gwneud mwy na digon dros William yn barod. Doedd dim hawl 'dag e fynd a'i gadael yn y lle cynta.'

'Mae honno'n hen stori bellach, Nhad; rhaid derbyn y canlyniadau, heb achwyn gormod.'

'Mi fydd yn rhaid iddi gadw'i hunan pan awn i Gymru, does mo'r arian 'da fi i'w chadw. Mae Hannah yn dipyn o feiden, rhaid inni fod ar ein gwyliadwraeth, a pheidio ag ildio i'w themper a'i styfnigrwydd.'

Ie, diwedd cân Nhad bob amser oedd y geiniog. Chwarae teg iddo yntau hefyd, doedd e ddim yn ŵr cyfoethog o bell ffordd. Rhaid oedd iddo ofalu am y geiniog o reidrwydd. Ac roedd wedi pwysleisio arna i o'r cychwyn cynta, cyn i ni ymadael â Phatagonia, y byddai'n rhaid i mi ddal ati i wnïo er mwyn cadw fy hun. Yn wir, roeddwn i'n gofidio sut y byddem yn dod i ben â chael y ddau ben llinyn ynghyd. Ddwedodd Nhad erioed wrthyf faint o arian oedd ganddo ar ôl. Gwyddwn fod Llain-las yn dal heb ei werthu, ac yn ôl cyfraith

Ariannin byddai'n rhaid iddo rannu'r elw rhyngom ni'r plant hefyd. Ac roedd pedwar ohonom.

Mae'n debyg fod rhyw ŵr o Dre-fach Felindre wedi rhoi addewid y byddai 'tŷ urddasol, ffit i ŵr bonheddig' yn ein disgwyl yno. Ond roeddwn i'n dal yn amheus. Ac i wneud yn siŵr o le i roi'n pennau i lawr wedi cyrraedd Dre-fach, sgrifennais (cyn ymadael â Phatagonia), heb yn wybod i Nhad, at ein perthnasau ym Manllegwaun, Penboyr, i ofyn am lety dros dro.

Erbyn hyn roeddem wedi cyrraedd Lisbon, ac yn aros i'r teithwyr lanio, ac i eraill ddod ar y bwrdd. Pump i gyd, a Saeson bob un.

'Dyna chi, Nhad, cyfle arall i chi ddysgu Saesneg.'

'Paid ti â gwawdio Saesneg, 'merch i; pan gyrhaeddwn ni Lerpwl mi fyddi di'n falch iawn o'm Saesneg i.'

'Byddaf, gobeithio, fe ddylai fod yn dda ar ôl yr holl ymarfer gawsoch chi.'

Roedd Hannah i'w gweld yn cryfhau, a'r crwt bach yn blaguro ar laeth y fron. Yn anffodus, roedd Hannah wedi llwyr golli ei hysbryd ifanc nwyfus; yn wir, diflannodd hwnnw yr un pryd ag yr aeth William i Affrica. Cadwai ymhell oddi wrth Nhad, a'i osgoi'n fwriadol. Roedd hi mewn pwd parhaus, ond roedd y dagrau wedi sychu dros dro, diolch i bob daioni.

Roedd yn fwy gofalus o Johnnie hefyd, ac roeddwn innau'n teimlo 'mod i wedi cael rhywfaint o oruchafiaeth, a'i bod yn talu'r ffordd i roi troed lawr weithiau.

Ond er hyn i gyd roeddwn yn dal i ofidio, yn dal i bryderu ac i ofni'r gwaethaf. 'Rwyt ti wastad yn gweld yr ochor dywyll o bopeth,' oedd byrdwn Nhad. Un felly roeddwn i'n naturiol, tra oedd Nhad yn hollol wahanol. Iddo fe roedd pelydrau'r haul yn llechu y tu ôl i bob cwmwl. Roedd hefyd wedi mabwysiadu rhai o arferion dioglyd y Sbaenwyr—*mañana*—peidiwch â gwylltu, mae fory cyhyd â heddi. Doeddwn i'n gwybod fawr ddim am ei drefniadau na'i amgylchiadau ariannol.

'Nhad, rhaid i mi siarad â chi o ddifri.'

'Ie, clatsia bant, beth wyt ti eisie gwybod?'

'Ydych chi'n berffaith siŵr y bydd tŷ gyda ni i fynd iddo yn Dre-fach?'

'Be sy'n bod arnat ti, lodes, on'd ydw i wedi dweud a dweud fod William Jones yn gofalu am hynny—tŷ ac iddo dair stafell wely.'

'Ie, tair stafell wag. Beth am ddodrefn? Beth am fwrdd a gwely a chadeiriau?'

'Paid â becso, Ellen—mae becso'n fwyd a diod iti. Rwyf wedi gofalu bod arian 'da fi i brynu dodrefn. Ac os aiff hi'n waetha waetha fe allwn gysgu ar welyau rhebel am noswaith neu ddwy.'

'Peidiwch chi â thwyllo eich hunan, wnaiff Hannah ddim gorwedd ar lawr.'

'Gwranda, Ellen, dwi ddim yn hidio grot amdani. Hi sy wedi mynnu dod gyda ni, a rhaid iddi ddioddef y canlyniadau.'

'Ond, Nhad, ystyriwch am funud. Ar ôl prynu dodrefn a thalu'r rhent, o ble daw arian i brynu bwyd a dillad?'

'Dyna ti'n mynd o flaen gofidiau eto. Mae'r cyfan mor glir â haul ar bost. Mi fydd yn rhaid i Hannah gadw'i hunan a Johnnie, mi fyddi di'n gwnïo, a mi fyddai inne'n gwerthu llyfrau.'

A dyna'r tro cyntaf i mi glywed sôn am lyfrau, er mae'n wir mai llyfrwerthwr ydoedd pan oedd yn byw yn Rhondda dros ddeng mlynedd ar hugain yn ôl. Cariodd lond dwy gist o lyfrau gydag e pan ymfudodd i Batagonia, a bu'r llyfrau hynny o help mawr inni fel teulu yn ystod y blynddoedd cynnar. Roedd yn medru ffeirio llyfrau am datws, blawd a menyn oddi wrth gymdogion gwell eu byd na ni. Ond erbyn hyn roedd y llyfrau hynny wedi diflannu—cafodd y llyfrau olaf eu dinistrio gan y llifogydd mawr. Roedd y cyfan wedi'u darostwng i fod yn rhan o'r mwd cleiog, heb obaith i'w hachub.

A dyma fe'n awr yn sôn am ailgychwyn fel llyfrwerthwr. Rhaid oedd cael llyfrau i agor siop lyfrau. Ond roedd hynny'n nodweddiadol o Nhad—ffydd yn y dyfodol—man gwyn man draw—fe fydd popeth yn iawn fory. Fe ddylai'r cyni a'r siomedigaethau a'i goddiweddodd yn y Wladfa fod wedi dysgu gwers iddo. Ond na, roedd fel hogyn yn cynllunio at y bywyd newydd. Doeddwn i ddim yn gallu gweld y byddai'r hanner dwsin o esboniadau, dau Feibl, a thri Thestament a gariodd yn y wagen wrth ddianc rhag y dyfroedd, yn ddigon i agor siop lyfrau. Ond roedd wedi penderfynu a fedrai'r un dewin ei droi. Daeth yn gwbl amlwg y byddai'n rhaid i mi gadw fy hun.

A beth am Hannah a Johnnie? Beth a ddeuai ohonyn nhw? A fyddai gan William ddigon o arian i brynu ffarm, neu hyd yn oed rentu ffarm?

A pheth arall, doeddwn i ddim yn hoffi'r syniad o fyw mewn pentref, ynghanol pobl, lle'r oedd pawb yn gwybod hanes pawb. Yn Llain-las, os oedd y tŷ'n fach, roedd yno ddigon o le i ddianc, milltiroedd o baith ar bob llaw, a'r unigrwydd yn eich cofleidio a'ch cysuro. Byddwn yn dychwelyd o'r paith wedi adfeddiannu fy hunan-hyder ac yn barod i wynebu pob ffrwgwd a siom. Ond nid felly y byddai hi mewn pentref. Rhyw hen feddyliau diflas felly oedd yn cyniwair yn fy mhen ddydd ar ôl dydd, nos ar ôl nos.

Roedd y fordaith yn hynod o ddidrafferth, Bae Biscay yn dawel a Nhad ar ben ei ddigon, ac roedd hyd yn oed Hannah yn cynllunio at y dyfodol.

'Pan awn i Gymru, mi fydda i'n chwilio am *estancia* y gall William ei phrynu pan ddaw 'nôl.'

'Hannah, does yr un *estancia* i'w gael yng Nghymru, dim ond ffermydd a thai. Gormod lawer o dai.'

'Dim un *estancia* o gwbwl?'

'Nac oes, dim un.'

'Fydd 'na *plaza* lle gallwn ni fynd am dro?'

'Na fydd, ddim yn Dre-fach, dim ond ffyrdd culion, llychlyd, â chloddiau uchel ar bob llaw fel na ellwch chi weld dim tu hwnt i'r clawdd. Ond mae pawb yn eich gweld chi.'

'Ond, Ellen, dwi byth eto eisiau byw mewn lle mor llwm ac unig â Llain-las.'

'Pam yn enw pob rheswm yr est ti yno i fyw?'

'Dilyn William wnes i, ac roedd e wedi addo prynu *estancia*, 'mhell bell o Llain-las.'

Roedd ei diniweidrwydd yn druenus, a'i hanwybodaeth yn affwysol. Ai dyna oedd addewid William i Hannah, y ddiniwed fach? Mae'n debyg ei fod wedi darganfod mor amhosibl oedd prynu *estancia*. Ond roedd tir yn rhad ym Mhatagonia, rhad iawn, a haws fyddai prynu *estancia* ddwy fil o aceri yno na ffarm fach ddeg erw yng Nghymru.

Ei unig obaith oedd mynd i chwilio am aur yn Affrica, a dod adre'n ŵr cyfoethog—ond wedi cyrraedd yno fe ddaliwyd ef a Dyfrig mewn trap—fe'u hawliwyd i ymladd dros Frenhines Prydain Fawr i goncro'r Boer.

Druan o William, druan o Hannah, druan ohonom ni i gyd fel teulu.

Doedd gan Hannah, y greadures fach, ddim mo'r syniad lleiaf beth oedd yn ei hwynebu. Wyddai hi ddim oll am Gymru, a llai fyth am Dre-fach. Flynyddoedd yn ôl, bûm yno ar wyliau, a chymres i ddim at y lle o gwbwl. Pawb yn eich holi ac yn hanner eich credu. Dim lle i ddianc, dim llonyddwch, dim ond pobol, pobol a mwy o bobol ar bob llaw. Cefais syrffed ar y lle.

'Ceisio bod yn serchog a chymdogol maen nhw,' medde Nhad, 'a rhaid i tithe beidio â bod mor benuchel a chilsip.'

Na, byddai'n rhaid i mi gofio cyngor Nhad a phenderfynu hyd yn oed pe byddai'n rhaid i mi ragrithio, i ddysgu gwenu, diolch, a chymryd arnaf 'mod i wrth fy modd yno. Gwyddwn y byddai'n dasg anodd i rywun anfoddog, chwim ei thafod fel myfi. Ond fe wnawn ymdrech deg, ac ni all neb wneud fwy na hynny.

Pennod XIV

O'r diwedd, Lerpwl! Diolch byth! A thir sych o dan draed. Bron i ddeufis ar y môr, ac wedi goresgyn profiadau hunllefus—profiadau na welwn eu tebyg fyth eto, gobeithio. Mae'n rhaid fod yna law anfeidrol yn rheoli ein bywydau brau; neu fyddai Hannah fyth wedi dod trwy ei salwch echrydus. Roedd hi'n hanfodol 'mod i'n credu, ac yn hanfodol i feithrin ffydd. Dyna'r unig ffordd i fyw, rhaid i mi byth eto ag amau'r Bod o Dduw.

Roedd ffydd 'da Nhad; medrai ef siarad â'i Dduw fel ffrind. Efallai mai hynny oedd ei gyfrinach, a'r rheswm ei fod bob amser â ffydd yn y dyfodol.

Penderfynais fod yn fwy cadarnhaol yn f'agwedd at fywyd yn gyffredinol. Ond roedd amgenach gwaith i'w wneud y funud honno. Rhaid oedd chwilio am y cistiau, gofalu am ein bagiau, cydio'n dynn yn Hannah a Johnnie, a chadw'n glòs at Nhad. Dim ond fe oedd yn gallu tipyn o Saesneg, a heb Saesneg yn Lerpwl roeddech chi ar goll yn llwyr.

Roedd Lerpwl wedi newid hefyd, y llongau hwyliau wedi diflannu, a'r stemars wedi cymryd eu lle, a rywsut roedd y rhamant wedi diflannu gyda'r hwyliau. Rhaid oedd chwilio am lojin, ond doedd hynny ddim yn anodd. Roedd gwragedd bob amser yn hofran o gwmpas y porthladd yn cynnig llety i'r teithwyr. Ond rhaid oedd bod yn ofalus, rhaid oedd derbyn llety gyda gwraig oedd yn edrych yn gymen a thwt. Ac fel y bu lwc, fe glywodd rhyw fenyw ni'n siarad Cymraeg, a daeth 'mlaen atom. Roedd hithau'n Gymraes o Sir Fôn, a dyna lojin yn hollol ddiffwdan. Wedyn dod o hyd i gerbyd go helaeth i'n cludo ni a'n sian-di-fang, a dyna ni ar ein taith fel llwyth Israel—y fenyw a chwbl.

Wrth deithio o'r porthladd i'r briffordd, dyma'r ceffyl yn strancio, yn gweryru fel ceffyl gwyllt ac yn codi ar ei draed ôl. Roedd dyn a chanddo faner goch yn ei law yn rhedeg ar ganol y ffordd, yn cael ei ddilyn gan gerbyd a chwythai fwg dros bob man, a hwnnw'n symud heb neb i'w dynnu na'i wthio. Roedd Nhad yn gorfoleddu, yn gweiddi ac yn chwifio'i hat. Minnau'n poeni am ein paciau! Roedd twr o ddynion a phlant yn rhedeg ar ôl y cerbyd gan weiddi a'i annog ymlaen. Roeddem wedi gweld car modur am y tro cyntaf, un o ryfeddodau'r oes. Ond wnaeth yr anghenfil myglyd, drewllyd fawr o argraff arna i. Teimlwn fod dyn wedi mynd yn llawer rhy glyfar er ei les ei hun, ac y byddai ryw ddydd yn dinistrio'i hunan gyda'i glyfrwch. Ac roedd y ceffyl, hen ffrind dyn drwy'r oesau, yn codi ar ei draed ôl mewn protest. Mae greddf creadur yn gryfach na greddf dyn.

Ond ymlaen â ni, a chyrraedd stryd gefn gul, digon tlodaidd, a phlant bach carpiog, troednoeth, yn chwarae yn y budreddi, ac yn edrych mor dlawd, os nad yn dlotach, na phlant bach Buenos Aires. Ond roedd un gwahaniaeth mawr. Roedd tywydd Ariannin yn garedicach wrth eu cyrff bach carpiog na gwynt rhewllyd Lerpwl.

Ond roedd tŷ Mrs Owen yn lân a chymen, ac yn llawer glanach na'r tai eraill o'i chwmpas. Cawsom swper ardderchog a gwelyau cyfforddus. Dim ond un noson roeddem wedi bwriadu aros, ond fe benderfynodd Nhad aros am noson arall i ddadflino, medde fe. Ond esgus oedd hynny, ac aeth mas yn y bore bach i gerdded y strydoedd yn y gobaith y gwelai gar modur arall. Ond daeth 'nôl yn siomedig, ac fe wnaeth ymholiadau ynglŷn â thrên a oedd yn gadael Lerpwl ben bore drannoeth a chyrraedd Henllan cyn nos. Anfon teligram wedyn i William Jones i'w hysbysu o'r ffaith, gan obeithio y cyrhaeddai'r neges o'n blaenau.

69

Welais i erioed mo Nhad mewn cystal hwyliau—gorchymyn, trefnu a siarad fel pwll y môr. Roedd hyd yn oed yn siarad â Hannah. Honno hefyd yn hynod o serchog, er yn flinedig. Doedd hi ddim wedi llwyr adennill ei nerth eto ar ôl genedigaeth y babi, a Johnnie bach yn hapus ddigon, dim ond iddo gael llond ei fol. Pawb yn hapus, pawb yn edrych 'mlaen at y bywyd newydd yn llawn gobaith. Myfi'n unig oedd yn teimlo'n ansicr ac yn amheus o'r dyfodol.

* * *

Cyrraedd Dre-fach yn swrth a blinedig, a chael syndod pleserus o weld dwsin a mwy o ffrindiau Nhad yno i'n croesawu. Roedd William Jones, chwarae teg iddo, wedi rhentu tŷ ar ein cyfer, 'tŷ ffit i ŵr bonheddig', ond roedd yn hollol wag, nes inni lenwi un stafell â'n cistiau a'n paciau. Cafodd Hannah, Johnnie a finne lety ym Manllegwaun, gyda pherthnasau i Nhad, tra oedd e'n sefyll gyda William Jones.

Roedd Nhad ar ben ei ddigon, 'nôl yn ei gynefin, yng ngwlad ei ieuenctid ffôl. Magwyd ef ym Mwlch-clawdd, Llangeler, a bu'n gwasanaethu ar ffarm yn ymyl Dre-fach, cyn ymadael am y 'gweithe' i weithio mewn pwll glo. Roedd y cyflogau'n well yno. Ond cafodd ei siomi: gweithio oriau meithion yn y tywyllwch, y chwysu, y llygod mawr, a'r straen ar gorff ac ysbryd. Felly, penderfynodd agor siop lyfrau, a chael tipyn o lwyddiant. Ond pan glywodd am y can cyfer yn rhad ac am ddim i ymfudwyr i Batagonia, gwerthodd y cyfan, a llusgodd ei deulu bach saith mil o filltiroedd dros y moroedd i'r 'wlad sydd well, yn y deheudir pell', a chael siom yno hefyd.

Feddyliodd e erioed y byddai ef a'i deulu'n dioddef o eisiau bwyd yno. Ac oni bai am brinder arian mi fyddai wedi troi 'nôl am adref cyn gynted ag y cyrhaeddodd yno. Bu Patagonia yn siomedigaeth enfawr iddo: mam ei blant yn marw o ddiffyg gofal, a'i ail wraig yn marw o hiraeth a thor-calon.

A dyma fe eto, ar drothwy henaint, yn llawn ysbryd antur ac yn barod i gychwyn bywyd o'r newydd yn Dre-fach Felindre.

Roedd anturiaeth yng ngwead ei deulu—yn rhedeg drwy eu gwythiennau i gyd. Bu ei dad-cu yn crwydro'r byd fel milwr yn helpu i ehangu'r ymerodraeth Brydeinig, ac yn barod i roi'i fywyd dros y frenhines. Fe roddodd ei goes, a doedd ganddo ddim dewis wedyn ond dod adre at ei wraig a'i blant yn Llangeler. Mae'n debyg ei fod yn hoff o'r ddiod gadarn ac yn meddwi'n gorlac ar brydiau, ond yn pregethu dirwest i'w blant. Fe ogleuodd ddiod ar ei fab William un noson, a chafodd hwnnw grasfa i'w chofio, ac yntau'r truan ond wedi yfed glasied o gwrw cartref yn nhŷ ei ffrind, a heb sylweddoli fod alcohol ynddo. Fe roddodd y llywodraeth goes bren iddo am ei wrhydri, a chyda help honno crwydrai'r gymdogaeth i hel straeon a'u hailadrodd. Ac fe ddaeth 'John Coes-bren' yn ddihareb yn ei ardal fel adroddwr storïau carlamus a thynnwr coes.

Fe gafodd e a'i wraig Rachel saith o blant a phob un ohonyn nhw wedi etifeddu'r chwilen deithio. Arhosodd yr un ohonyn nhw yn eu cynefin i chwilio am waith. Aeth y ddwy ferch hynaf, Ann a Sarah, i Dde Cymru, ond bu farw David Daniel yn ifanc iawn.

Aeth William Daniel i Scranton, America, ac fe dyfodd i fod yn ŵr o bwys yno fel gohebydd papurau Cymraeg *Y Drych* a *Baner America*. Roedd yn awdur llyfrau hefyd, fel *Y Cartref Dedwydd* ac *Ysgol y Teulu*, ac er nad oedd ganddo deulu ei hunan—hen lanc oedd e—roedd yn gwybod yn well na neb sut y dylai teuluoedd ymddwyn. Ond er ei holl bwysigrwydd a'i wybodaeth ail-law, roeddwn yn hoff iawn ohono. Daeth i roi tro amdanom i Llain-las yn fuan ar ôl claddu Mam. Roedd yn garedig tu hwnt, ond wir, roedd ei sgwrs yn anniddorol iawn i blentyn. Dirwest oedd ei brif bwnc—mae'n debyg ei fod yn dal i gofio am y grasfa honno a gafodd gan ei dad pan oedd yn llencyn. A dirwest oedd y testun pob pryd bwyd, nes yn wir ddiflasu'r bwyd, a chynhyrfu William fy mrawd i'r fath raddau nes i hwnnw gymryd ei fwyd oddi ar y ford a'i fwyta allan yng nghwmni'r ieir a'r cŵn, a hynny bob dydd.

Ond cyn iddo fynd 'nôl fe wnaeth William Daniel addewid gysegredig, a'i law ar y Beibl Mawr, y byddai'n dod atom i fyw ar ôl ymddeol. Doedd dim gwahaniaeth ganddo ble—America, Cymru neu Batagonia. Ond er mawr ofid inni bu farw f'ewythr William yn sydyn iawn yn Lerpwl, pan oedd yno ar daith ddarlithio, a hynny rai misoedd yn unig cyn inni ymadael am Gymru. Roedd yn gwybod ein trefniadau, a theimlaf yn sicr y byddai wedi aros amdanom, ac wedi symud atom i fyw oni bai am ei farwolaeth sydyn yn drigain a thair oed.

Nhad oedd y pumed plentyn, a'r awydd am deithio yr un mor gryf ynddo yntau. Aeth Margaret, y chweched plentyn, at ei brawd i Scranton ac oddi yno i Seattle ac Alaska. Roedd hi'n un o'r gwragedd a ddioddefodd adeg y rhuthr mawr am aur. Aeth y mab ieuengaf, James Daniel, i Florida, U.D.A., a chychwyn busnes llwyddiannus yno.

Ac wrth gwrs dyna fy mrodyr innau; roedd un ar fin ymfudo i Ganada a'r ddau arall yn Affrica.

Ac roedd yr hen ysbryd antur yn dal yn fy nhad, dechrau o'r newydd eto yn yr hen wlad, ac agor siop lyfrau, medde fe. Ond doedd ei ddau Feibl, ei dri Thestament a'i chwech esboniad ddim yn ddigon i agor siop!

'Rhaid iti gael ffydd, Ellen, ffydd yn y dyfodol.'

A beth am ddodrefn? Doedd gyda ni ddim bwrdd na gwely heb sôn am yr holl drangwns eraill roedd eu hangen arnom. Roeddem wedi cario rhai pethau gyda ni—llestri te Mam, *poncho*'r Indiad, dau groen guanaco, dau flanced ac yn y blaen. Ond byddai angen mwy na dau flanced i'n cadw'n gynnes yn Dre-fach.

Ond pan welodd ein cymdogion ein sefyllfa argyfyngus, dyma'r anrhegion yn cyrraedd—sosban gan un, carthen gan un arall, tegell, brws llawr, ac yn y blaen yn ddiddiwedd. Rhai'n dweud 'Cymrwch fenthyg hwn, tan y cewch chi un eich hunan,' eraill yn dweud 'Presant bach i'ch croesawu 'nôl.' Yn wir, roedd y croeso a'r caredigrwydd yn anhygoel a Nhad ar gefn ei geffyl yn brolio pobol Dre-fach.

'Oni ddwedes i y byddai popeth yn iawn ar ôl cyrraedd? Does dim pobol tebyg iddyn nhw yn y byd i gyd.'

Ond doedd popeth ddim yn iawn, doedd gyda ni ddim celfi. Fe ddwedodd rhywun fod ocsiwn ddodrefn yng Nghastellnewydd, y dydd Gwener canlynol, ac i ffwrdd â ni'n dau i'r ocsiwn. Dyna'r tro cynta' i mi fod mewn lle o'r fath. Roedd y cleber yn fyddarol a ddeellais i 'run gair o'r arwerthwr; roedd cyflymdra ei siarad yn anghredadwy. Ond roedd Nhad yn deall, ac roedd ganddo ugain punt i wario. Fe gawsom dri gwely, bwrdd, pedair cadair, cwpwrdd bwyd, cwpwrdd dillad, i gyd am ychydig dros bymtheg punt. Aeth y gweddill ar lond blwch anferth o lyfrau llychlyd.

A rhwng yr anrhegion, y dodrefn a'r llyfrau roedd gyda ni ddigon o gelfi i symud i mewn i'r 'tŷ ffit i ŵr bonheddig'.

Ymhen rhai wythnosau daeth bwndel o lythyrau, a Hannah wedi
bywiocáu drwyddi o glywed oddi wrth William, gyda'r newydd ei fod
wedi ei ddyrchafu'n Sergeant erbyn hyn. Doedd llythyr Dyfrig ddim
mor galonnog. Roedd e wedi cael ei wahanu oddi wrth William—
bywyd yn uffernol o galed, byw mewn perygl parhaus, a'r bwyd ddim
yn ffit i gi. Nhad yn cyffroi braidd o'i weld yn sgrifennu'r fath air cryf
yn ei lythyr.

'Ond, Nhad, fyddai'r un gair arall yn gallu cyfleu ei deimladau—
mae'n debyg ei *bod* hi'n uffern yna. Dyna beth yw rhyfel.'

'Does dim galw arnat tithe chwaith i'w ailadrodd.'

'Peidiwch â bod mor ffug-barchus. Symudwch gyda'r oes.'

Bu bron iddi fynd yn storom, ond ateliais mewn pryd.

Daeth llythyr oddi wrth fy mrawd a'i wraig o Batagonia, gyda'r
newydd fod ganddynt blentyn arall, merch fach—Hannah arall yn y
teulu. Druain ohonynt, gobeithio y caent ddigon o fwyd i'w cynnal; fe
gymerai flynyddoedd i dir Llain-las ddod 'nôl i drefn ar ôl y llifogydd.
Ond roedd gobaith am werthu erbyn hyn. Roedd y teulu Griffiths yn
chwilio am ffarm, ac wedi cerdded y tir fwy nag unwaith. Roedd tua
phymtheg o deuluoedd eraill wedi penderfynu symud i Ganada i
chwilio am decach byd, ac roedd yr awdurdodau wedi addo llong i'w
cyrchu—rywbryd.

Roedd Hannah yn achosi gofid inni. Roedd yn grintachlyd drwy'r
amser ac ni cheid byth wên ar ei hwyneb ond pan ddeuai llythyr oddi
wrth William. Roedd hi'n anfodlon ar y celfi. Fe brynwyd tri gwely—
un mawr a dau a oedd yn llai o faint. Rhoddwyd yr un mawr i Hannah
yn yr ystafell fwyaf, am y byddai Johnnie yn cysgu gyda hi. Ond
doedd dim yn iawn. Roedd hi'n mynd i brynu dodrefn newydd sbon,
a'u cadw erbyn iddi hi a William fynd i'r ffarm. Roedd yn rhaid iddi hi
gael matiau cyfforddus dan draed hefyd, a pheth arall, doedd hi mei
ledi ddim yn fodlon rhannu gwely â'i phlentyn chwaith—'Hen bethau
bach drewllyd ydy babis'.

Felly, i ffwrdd â ni eto i Gastellnewydd, nid i ocsiwn y tro yma, ond
i siop ddodrefn ffasiynol. Roedd arian Hannah mewn doleri, a rhaid
oedd mynd i'r banc i'w newid. A gwelais yr adeg honno mor
ddiymadferth oedd hi ar ei phen ei hunan, heb fedru'r Gymraeg na'r

Saesneg. Roedd yn edrych mor wahanol hefyd, mor estronol yn gwisgo *poncho* lliwgar, a hances fawr am ei phen. Ac roedd pawb, pob wan jac yn troi i rythu arni. Roeddwn i'n teimlo'n anghyfforddus iawn yn ei chwmni.

Roedd hi wrth ei bodd yn y siop, ac fe wariodd hanner can punt a mwy 'mhen chwarter awr. Roedd yn agoriad llygad i mi i sylweddoli faint o arian oedd ganddi mewn gwirionedd. Fe brynodd wely mawr iddi ei hunan (digon o faint iddi hi a William), gwely bychan i Johnnie, cwpwrdd dillad, shes-yn-drôs, bwrdd 'molchi, bwrdd arall, cadair esmwyth, drych anferthol ac iddo ymyl aur, a dau fat blewog i'w rhoi ar lawr.

Roedd yn hapus am y tro cyntaf ers misoedd. Roedd yn amlwg fod Hannah wedi byw mewn moethusrwydd cyn iddi gwrdd â William, ac anodd oedd iddi ddiosg ei hen ffordd o fyw. Methodd â diosg ei chrefydd chwaith. Daliai'n gyndyn wrth ei chroes a'i phaderau, er mawr ofid i Nhad.

Cafodd Nhad help Tom Saer i roi silffoedd llyfrau lan yn y gegin orau oedd yn wynebu'r hewl, ac yn ôl a ddywedai cafodd fargen aruthrol yn yr ocsiwn, er mai llyfrau Saesneg oeddent bron i gyd. Ond doedd neb yn rhyw awyddus iawn i'w prynu. Er bod fy ffrind Mary Jane, Perthi-teg, wedi bod wrthi'n fy rhico fel gwniadwraig, doedd neb yn cymryd rhyw lawer o ddiddordeb ynof innau a'm peiriant gwnïo chwaith.

'Mae'n rhaid cael enw ar y tŷ 'ma,' meddai Nhad yn sydyn un bore. 'Be wyt ti'n weud?'

'Syniad da. Beth am y Plas?'

'Pam Plas?'

'Enw arall ar "dŷ ffit i ŵr bonheddig".'

'Paid â lolian, lodes. Beth am Camwy House? Fe fydden ni wedi cario rhan o Batagonia gyda ni wedyn.'

'Pam "house"? Mae pawb yn gwybod mai mewn tŷ ry'n ni'n byw.'

'Dyna'r ffasiwn ffor' hyn, wyt ti'n gweld—Velindre House, Geler View, Bargoed Villa.'

'Ffasiwn ryfedd iawn, wedwn i. Villa? Enw Sbaeneg yw *villa*. Sbaenwyr sy'n byw 'na?'

'Nage, nage, dwyt ti ddim yn deall.'

'Na'dw, a ddealla i byth mo arferion Dre-fach. Ond rydw i'n fodlon ar "Camwy" er cof am yr hen afon.'

'Iawn, mi alwn ni'r tŷ yn "Camwy", heb gynffon o gwbwl. Ac rwy'n siŵr y byddwn ni'n dau yn hapus iawn 'ma.'

Ond doeddwn i ddim yn hapus o bell ffordd. Roeddwn i wedi colli fy rhyddid; pobol a thai o'm cylch ym mhob man, stribed o ardd gul yn y cefn a chut bach sinc ar dop yr ardd, a chymdogion yn gwylio pob symudiad a phob smic. Ym Mhatagonia, roedd ein cymdogion agosaf bum milltir i ffwrdd. A'r cut? Tŷ carthion oedd Nhad yn ei alw, gyda'i sêt bren a'i fwced.

'Beth sy'n digwydd i'r carthion?'

'Rhaid eu taflu bant neu'u claddu.'

'Ych a fi! Peidiwch â gofyn i mi wneud—rhyngoch chi a'r bwced a'r carthion.'

Yn Llain-las doedd dim angen y fath dwll o le: onid oedd y paith yno a'r unigrwydd yn eich amgylchynu? Llawer iachach a glanach na'r un tŷ carthion.

Roeddwn i'n unig hefyd, unig yng nghanol pobol. Theimlais i erioed yn unig yn Llain-las, er fy mod i ar fy mhen fy hunan am ddyddiau bwygilydd; Nhad a'r bechgyn mas ar y tir, a minnau'n unig o gwmpas y ffarm. Roedd cysur i'w gael yn yr unigrwydd hwnnw.

Treuliai Nhad y rhan fwyaf o'i amser gyda'i lyfrau a llwyddai yn awr ac yn y man i werthu ambell un. Âi allan bob nos i ymweld â'i hen ffrindiau.

Cerddai Hannah a'i phen yn y gwynt ar hyd ffyrdd unig y wlad yn chwilio a chwilio. Roedd yn benderfynol i ddod o hyd i ffarm erbyn i William ddod adre o'r rhyfel!

Amdana i, treuliwn y dyddiau i wneud y dwt a pharatoi bwyd, a'r nosweithiau hirion i ddarllen llyfrau Saesneg gyda help geiriadur, gwaith araf ond hanfodol. Dyna'r unig ffordd y gallwn ddysgu'r iaith. Oni bai am Johnnie bach mi fyddwn wedi mynd mas i chwilio am waith mewn siop neu mewn gwesty, ond roedd yn rhaid i rywun warchod y bachgen.

Teimlwn fel estron yn Dre-fach a dyna oeddwn i mewn gwirionedd; doeddwn i ddim yn perthyn i'w cymdeithas glòs, roeddwn yn wahanol. Rwy'n cofio gweld aderyn mawr du ar y ffordd un diwrnod a gofynnais i wraig oedd yn sefyll fan'ny, beth oedd yr aderyn.

'Bobol annwl, 'dych chi ddim yn nabod brân? Ble y'ch chi wedi bod yn cadw?'

Na, doeddwn i ddim yn 'nabod brân, ond roeddwn i'n nabod pob aderyn yn y Wladfa.

'O'r North y'ch chi'n dod?' holai un arall.

'Nage, o Batagonia.'

'Ble mae hwnnw 'te?'

Wnes i ddim trafferthu esbonio, wyddwn inne ddim ble roedd y North chwaith.

'Jiw, jiw, y'ch chi'n siarad fel llyfr w,' meddai un wrthyf.

Mae'n debyg 'mod i'n siarad yn wahanol iawn, a fuaswn i byth yn defnyddio geiriau Saesneg a geiriau doniol fel 'joio', 'stwffo' a 'dansierus'. Doedd 'da fi ddim tafodiaith bendant chwaith; Nhad yn hanu o Sir Gaerfyrddin, Mam o Sir Aberteifi, fy hen athro o Lyn Ceiriog, ein cymdogion agos o Rymni, a'm cyfoedion a'u rhieni yn dod o bob rhan o Gymru—o Sir Fôn i Sir Fynwy. Byddwn yn dweud 'lan' a 'fyny', 'rŵan' a 'nawr', 'ma's' ac 'allan' fel byddai'r galw.

'Rhaid i ti fynd i'r Ysgol Sul i Glos-y-graig,' meddai Nhad, 'i ti gael gwneud ffrindiau a chwrdd â merched teidi. Mae byw 'da'r groten Hannah 'na yn ddigon i'n hala ni i gyd yn benwan.'

Mi es i'r Ysgol Sul. Cefais fy siomi. Ar ôl y defosiwn dyma'r 'ffair' yn cychwyn. Pawb yn mynd i'w ddosbarth, y lle yn llawn, a phawb yn dadlau a gweiddi am y mwyaf. Cefais fy hun mewn dosbarth i ferched gyda stwcyn o ddyn bach pwysig yn athro. Darllen adnod, a chael eich byddaru gan y synau o'r dosbarthiadau eraill. Dadansoddi pob gair— 'Pwy yw yr Efe hwn'—a phawb yn gwybod mai Iesu Grist oedd E. Yna gair bach syml fel 'os'. 'Os o gadarnhad neu os o amheuaeth yw ystyr y gair hwn?' Dadlau brwd a chwyrn dros ddim yn y byd, a'r sŵn yn dal i gynyddu.

Yn y Wladfa roedd distawrwydd yn yr Ysgol Sul, ac roedd yn werth mynd yno. Byddem yn cael gwybod y Sul blaenorol pa ran o'r ysgrythur i'w astudio, a dysgu'r adnodau ar ein cof. Yna'r athro yn esbonio'r cefndir, a ninnau'r disgyblion yn holi'r athro yn dawel ac yn ddwys.

Euthum i ddim i'r Ysgol Sul am rai wythnosau ar ôl y profiad cyntaf hwnnw a Nhad yn methu deall pam.

'Rwyt ti'n rhy hoff o feirniadu pawb a phopeth, Ellen. Mae'n rhaid iti dderbyn bod arferion Cymru yn wahanol iawn i arferion y Wladfa.'

Oedden, roedden nhw'n wahanol iawn, a minnau'n methu dygymod â'r gwahaniaeth. Roedd bywyd yn ddiflas a Rhyfel y Boer yn dal yn ei anterth. Dyna'r diflastod pennaf oll—ac enwau dieithr fel Buller a Kruger wedi tyfu i fod yn rhan o'n siarad cyffredin bob dydd ni fel teulu.

Pennod XVI

Cerddai amser, yn sicr, yn araf ac yn drwsgl, a minnau'n crafu byw. Aeth blwyddyn heibio heb obaith gweld byd oedd well, ac yn wir ni fyddai hynny'n bosibl, hyd nes i'r rhyfel ddod i ben.

Gwnes fy ngorau i gymdeithasu—mynd i'r Capel, ailafael yn yr Ysgol Sul, y Cwrdd Gweddi a'r Ysgol Gân, ac fe ddes i nabod pobol yn well. Awn lan at y merched i Manllegwaun yn amal. Roeddwn yn hoff iawn o fynd yno i'r ffarm fechan ar ben y bryn, nid nepell o Eglwys Penboyr. Ac ym mynwent yr eglwys honno roedd fy nghyndeidiau wedi eu claddu, a threuliais oriau lawer yno ymysg y beddau, yn anadlu'r heddwch a'r tangnefedd na chewch yn unman ond mewn mynwent eglwys. Yr unig le arall yr awn iddo oedd Perthi-teg, a bu Mary Jane, y ferch, yn gefn i mi ym mhob llawenydd a chur, ac roedd ei thad, Eben Evans, yn barod iawn ei gyngor a'i gysur.

Roedd Hannah wedi rhoi'r gorau i'w chrwydro ffôl. O'r diwedd roedd wedi dod o hyd i ffarm, lle y byddai hi a William yn byw'n hapus weddill eu hoes. Roedd y ffarm hon yn ymyl Clos-y-graig, ffarm lân yr olwg a'r tŷ wedi'i wyngalchu.

'Ond, Hannah, mae pobol yn byw fan'na. Fedri di ddim eu troi mas a pherch'nogi'r ffarm.'

'Fan'na mae William a fi'n mynd i fyw.'

Doedd dim pwrpas dadlau, gwyddwn beth fyddai'r canlyniadau, ac os oedd y syniad hwnnw'n gallu rhoi rhyw gymaint o gysur iddi, roedd yn gallach i'w gadael gyda'i breuddwydion penwan. Roedd ei hagwedd blentynnaidd ddiniwed at fywyd yn fy nychryn ar brydiau.

Roedd fy nhad i'w weld wrth ei fodd; ei gam yn sioncach a'i lygaid yn loywach. Roedd wrth ei fodd yn ailgyfeillachu â ffrindiau bore oes. Tyfodd i fod yn ŵr o bwys yn y capel ac roedd ei siop lyfrau, os nad yn ffynhonnell fywoliaeth, yn fan cyfarfod lle byddai ef a rhai o drigolion y pentref yn trin a thrafod pynciau llosg y dydd.

Âi allan bob nos am oriau; roedd yn ddirgelwch i mi i ble'r âi. Doedd gen i ddim syniad, ond mae'n amlwg nad oedd yn ymweld â ffrindiau. Mae'n debyg pe bawn i'n mynd ati o ddifri y medrwn ddod o hyd i'r dirgelwch, ond roedd gennyf ormod o hunan-barch, a pharch ato yntau hefyd, i chwilmentan a sbio y tu ôl i'w gefn. Holais ef fwy nag unwaith.

'Ble buoch chi heno, Nhad?'

'Yn y Cwrdd Gweddi—ti'n gwbod hynny'n iawn.'

'Ie, ie, ond ble buoch chi wedyn? Roedd y Cwrdd Gweddi drosodd am wyth.'

'Ymweld â ffrindiau, a cherdded i lawr mor bell â Phont Henllan,' meddai gan edrych at y llawr.

'Stori fach gyfleus iawn.'

Cododd ei olygon, a dwedodd a'i lygaid yn fflachio,

'Sdim ots i ti na i neb arall chwaith ble rydw i'n treulio f'amser. Dwy' i ddim yn dy holi di ble rwyt ti'n mynd.'

Gwyddwn y foment honno fod 'na ryw ddrwg yn y caws.

Roedd fy mheiriant gwnïo yn segur y rhan fwyaf o'r amser, ac roedd hynny'n loes i mi. Doedd dim eisiau dillad o waith cartre ar neb—pawb yn mynd i Gastellnewydd neu i Gaerfyrddin i brynu dillad parod. Roedd y trên mor gyfleus.

Deuthum i'r casgliad y byddai'n rhaid i mi gael gwaith gan na fedrwn i ddim byw ar gardod fy nhad a Hannah. Roeddwn wedi fy syfrdanu gan y prisiau uchel a gorfod prynu popeth: llaeth, wyau, menyn, caws—bwydydd roeddem yn eu cymryd yn ganiataol ar y ffarm.

Felly, dyma fynd ati i chwilio am waith, a'r unig waith oedd i'w gael yn Dre-fach oedd gwaith yn y ffatri. Ac roedd digon o ffatrïoedd gwlân yno, a digon o waith. Cafodd Nhad waith i mi, roedd e'n nabod pawb yno erbyn hyn. A dyma gychwyn ben bore dydd Llun ar fis o brawf ar gyflog isel iawn. Ond os byddwn wrth fodd calon y perchennog cawn waith parhaol a chodiad yn fy nghyflog.

Cychwyn yn gynnar yn hyderus a chael fy nghyflwyno i ferch o'r enw Marged. Hi fyddai'n fy hyfforddi. Cymeriad oedd Marged, tipyn o haden 'nôl yr hanes, ac yn crintachu mewn llais uchel am y cyflogau pitw, a'r modd y byddai'r bòs yn achub mantais arnyn nhw drwy dalu mwy i'r dynion na'r merched am yr un gwaith. Roedd hi'n bygwth mynd ar streic, a cheisiai gael eraill i ymuno â hi, o achos 'ymestyniad' yn y gwŷdd—y gwŷdd yn lletach a'r gyflog 'run fath. Gwarthus, ac yn y blaen yn ddiddiwedd. Bu'n traethu am gryn chwarter awr, ac meddai hi,

'Wnewch chi ymuno yn y streic?' a minnau heb ddechrau gweithio yno. Gyda hyn cyrhaeddodd y gweithwyr, a dechreuodd y sŵn. Rhwng clindarddach y peiriannau, a'r gweiddi nerth y pen roedd y sŵn yn annioddefol, ac yn codi dychryn arna i. Roeddwn am ddianc, ond cofiais am fy nhlodi a rhaid oedd dioddef, doed a ddêl. Roeddwn yn adnabod rhai o'r gweithwyr o ran eu gweld, rhai ohonyn nhw'n aelodau yng Nghlos-y-graig. Mae'n debyg fy mod fel 'croten newydd' yn destun siarad, a ches ambell winc wrth basio.

'Paid cymryd sylw ohonyn nhw,' medde Marged, 'leico di ma' nhw, wyt ti'n groten deidi, a ma' gyda nhw lygad at bisyn bach smart.'

Ond doeddwn i ddim yn hoffi bechgyn digywilydd, roedd parch gan fechgyn tuag at ferched yn y Wladfa. Ac fe waethygodd pethe yn ystod y dyddiau canlynol—wrth basio byddai rhai bechgyn yn pinsio fy mhen-ôl. Roeddwn yn fflamio, a heb fedru gwneud dim. Roedd fy nwylo ynghlwm wrth y gwŷdd, ac roedd fy llais yn gwrthod â chodi i lefel y sŵn.

'Twt, twt,' medde Marged, 'paid â bod mor sych-syber. Dy'n nhw meddwl dim drwg. Gwed "cer i grafu" wrthyn nhw.'

'Cer i grafu?'

'Ie.'

'Crafu beth?'

'Sdim ots crafu beth, jyst dwed hynna wrthyn nhw.'

A'r prynhawn hwnnw dyma rywun yn rhoi ei hen law drom arna i, a gwasgu f'ysgwydd.

'Cer i grafu,' meddwn innau heb edrych lan.

'Ho, ho, ai fel'na mae merched bach Patagonia'n arfer cyfarch eu meistri?'

Edrychais 'nôl a phwy oedd yn sefyll yn f'ymyl ond dyn trwsiadus yn gwisgo hat galed—John Lewis, Meiros, y meistr ei hun. Bûm bron â llewygu. Dyna ddechrau'r diwedd. Ac o hynny 'mlaen tan ddiwedd y dydd, gorfod i mi ddioddef sbort a chrechwen y gweithwyr. Bob tro y byddai un o'r bechgyn ifanc yn pasio byddai'n sibrwd, na nid sibrwd, ond gweiddi: 'cer i grafu'.

Roeddwn yn llawn cywilydd ac edifeirwch, a theimlwn na fedrwn i byth bythoedd weithio mewn ffatri wlân ar ôl y profiad hwnnw.

Ar y ffordd adre o'r gwaith daeth Tom, bachgen annwyl iawn yr oeddwn wedi ei gyfarfod yn y capel lawer gwaith, i'm hebrwng at y tŷ. Fe sicrhaodd fi na ddigwyddai'r tynnu coes a'r pryfocio byth wedyn i mi. Fe ofalai ef am hynny.

Ond roeddwn wedi cael hen ddigon. Byddai'n well gen i glemio na mynd 'nôl i'r Gehenna. Ches i mo 'nhalu chwaith am y tri diwrnod erchyll hynny.

Pennod XVII

Roedd 'na un gorchwyl roedd yn rhaid i mi ei wneud, ac wedi'i osgoi hyd yn hyn. Teimlwn ei bod yn rheidrwydd ac yn ddyletswydd arna i i ymweld â bedd Mam-gu. Bu farw rai misoedd cyn i ni ymadael â'r Wladfa, a phe bai byw, mi fyddwn yn treulio'r rhan fwyaf o'r amser gyda hi yn Penrhiw-pâl, a gadael Hannah i'w breuddwydion a Nhad i'w lyfrau a'i gyfoedion. Ond bu farw, a'r unig wybodaeth a gefais oedd mai yn Llangunllo y'i claddwyd.

Felly un bore braf o Wanwyn dyma fi'n cychwyn ben bore am Llangunllo, a thocyn o fara-caws yn fy mhoced, i chwilio am fedd Mam-gu. Gwyddwn y ffordd yn iawn; i lawr i Henllan, lan i Aberbanc, ymlaen drwy lonydd coediog Plas y Bronwydd ac i Langunllo. Penboyr oedd yr unig fynwent y bûm ynddi yng Nghymru cyn hyn, ond roedd mynwent Llangunllo yn wahanol, yn fwy pendefigaidd. Yma roedd claddfa y Lloyds—Lloyds Bronwydd—ac roedd eu beddau fel temlau, ac yma ymysg rhwysg y mawrion roedd gweddillion Mam-gu. Roedd blodau dros bob man, a chofiais ei bod yn Sul y Blodau y dydd Sul cynt, a minnau heb flodyn i roi ar ei bedd.

A dyma ddechrau chwilio; doedd gen i ddim syniad ble i ddechrau. Oedd hi wedi'i chladdu gyda'i gŵr? Er mawr gywilydd i mi, wyddwn i ddim beth oedd enw bedydd fy Nhad-cu, dim ond mai Jones oedd ei gyfenw; ac roedd cannoedd o Jonesiaid wedi'u claddu yno. Chwilio, cerdded, a darllen ugeiniau o gerrig beddau, ond dim lwc. Eisteddais yn ymyl beddau'r Bronwydd i fwyta fy nhocyn. Yna ailgychwyn a cherdded gyda'r clawdd, ac yno gwelais groes fechan bren, ac arni enw Mam-gu:

Ellen Jones

1825-1900

Dyna i gyd—dim enw ei gŵr, dim dyddiad marw, dim enw tŷ, dim adnod, dim byd ond enw.

Es ar fy mhenliniau a chlirio'r glaswellt a'r chwyn, ac addunedais uwchben ei bedd y byddwn ryw ddiwrnod yn gosod carreg deilwng ohoni ar ei bedd, gyda'r un englyn a oedd ar fedd Mam yn y Gaiman, yn ysgrifenedig arni:

> Erys o'i hôl wres ei haeledd,—a chov
> O'i chyviawn hardd vuchedd,
> A'r Ion da yn y diwedd
> A'i geilw i barch o glai bedd.

Codais yn drist; doedd gen i ddim blodyn i'w roi ar ei bedd, a heb feddwl ddwywaith es at feddau'r Bronwydd. Tynnais un blodyn bach o'r swp anferth oedd yno, a hynny heb ronyn o euogrwydd. Gwthiais ef i'r pridd coch ar fedd Mam-gu, ac roeddwn yn sicr fod y Bod Mawr yn deall ac yn cymeradwyo'r weithred. O'r herwydd euthum oddi yno yn sioncach na phan ddeuthum, a phenderfynais fynd yn fy mlaen i Benrhiw-pâl i weld hen fwthyn Mam-gu.

Roedd y drws led y pen ar agor. Cnociais, a daeth llais o berfeddion y tŷ,

'Dewch miwn.'

Es i mewn, ac o fy mlaen roedd merch ifanc hardd, ac yn amlwg yn disgwyl teulu.

'Mae'n ddrwg 'da fi dorri ar eich traws, ond fan hyn roedd Mam-gu yn byw.'

'Ellen Jones?'

'Ie.'

Distawrwydd. Edrychais o gwmpas, ac yno o fy mlaen roedd seld Mam-gu.

'Seld Mam-gu yw honna.'

'Ie, fe'i prynais ar ôl iddi farw.'

'Pwy oedd yn ei gwerthu?'

'Rhaid oedd ei gwerthu i dalu costau'r claddu. Fe dales i bymtheg swllt amdani a choron am y llestri.'

Roedd 'na siwg arbennig iawn ar y seld, siwg laeth Mam-gu ac adnod wedi'i sgrifennu arni:

'Eithr yn gyntaf ceisiwch deyrnas Dduw a'i gyfiawnder ef, a'r holl bethau hyn a roddir i chwi yn chwaneg.'

Siwg Mam-gu Ellen, a dderbyniodd gan y ferch oedd yn byw yn Llaindelyn

Lawer gwaith dywedodd Mam-gu wrthyf,

'Ti piau'r siwg 'na, Nel, cofia fynd â hi gyda thi i Batagonia.' Ond yn y rhuthr olaf, a'r siom o glywed fod fy nhad wedi ailbriodi, anghofiais am y siwg.

Bûm yn ddigon digywilydd a dweud,

'Fe addawodd Mam-gu y siwg â'r adnod i fi.'

'O.'

Distawrwydd.

'O ble daethoch chi heddi?'

'O Dre-fach.'

'Y'ch chi wedi dod o ffordd bell, w. Gymrwch chi ddished o de?'

'Diolch yn fawr iawn.'

Ac wrth ben dished o de fe ges i ei hanes i gyd. Ei gŵr yn gwasanaethu ar ffarm Nantgwylan; y cyflog yn isel, pymtheg swllt yr wythnos, ond yn iachach gwaith na chwysu mewn ffatri dywyll yn Dre-fach; y meistr yn garedig iawn, siwged o laeth bob nos, a thorth a phowdn o fenyn bob nos Sadwrn.

'O'n i'n meddwl fod perthnasau Ellen Jones yn byw dros y môr?'

'Roeddwn i'n arfer byw ym Mhatagonia.'

'Ble'n y byd mae hwnnw?'

'Saith mil o filltiroedd o Gymru.'

'Jiw, jiw, y'ch chi'n mynd 'nôl 'to?'

'Nadw, rydw i'n byw yn Dre-fach nawr.'

'O.'

Wedi yfed, dyma fi'n codi, ond yn dal i lygadu'r siwg. Doedd dim dime 'da fi yn fy mhoced i gynnig ei phrynu.

'Diolch yn fawr am y te.'

'Gwbei,' medde hithau.

Roeddwn mas ar y ffordd erbyn hyn.

'Hei, beth yw'ch enw chi?'

'Ellen, 'run peth â Mam-gu.'

'Ellen, dowch 'nôl funud.'

Es 'nôl. A dyma hi'n rhoi'r siwg yn fy llaw.

'Chi piau hon, cymrwch hi, i gofio am eich Mam-gu.'

Sychodd y geiriau, ces waith i gadw'r dagrau 'nôl. Rhoddais gusan ar ei boch, a chariais siwg laeth Mam-gu yn orfoleddus heb bapur na chwdyn i'w chuddio. Addunedais yr awn 'nôl eto i Laindelyn i wneud iawn â'r groten annwyl am ei charedigrwydd.

Cyrhaeddais adre'n flinedig a'r coesau'n cael gwaith i 'nghario. Roedd Nhad ar ben drws yn fy nisgwyl.

'Ellen, ble'n y byd buost ti? Wy ddim wedi cael bwyd drwy'r dydd.'

'Es i ddim â'r bwyd 'da fi.'

'Ble buost ti?' a'i lais yn codi.

Roeddwn ar fin egluro, ond pa hawl oedd ganddo fy nhrin fel plentyn?

'Ble buost ti?' medde fe wedyn a'i lais yn dal i godi.

'Yr un man â ble byddwch chi'n mynd bob nos—i weld hen ffrind. Beth am fynd yno nawr? Falle cewch chi swper gyda hi.'

Ergyd yn y tywyllwch, ond fe drawodd y nod. Aeth allan, heb ddweud gair arall, a ddaeth e ddim 'nôl tan ddeg o'r gloch.

Cyn cael tamaid i fwyta, cliriais y mamplis o'r mân betheuach a berthynai i Nhad, a'u taflu'n bendramwnwgl i mewn i gwdyn papur. Rhoddais siwg Mam-gu ar ganol y mamplis, gyda llun Mam ar un ochr iddi, a llun Mam-gu ar yr ochr arall, a theimlais fod Camwy, o'r diwedd, yn gartref i mi.

Pennod XVIII

Roeddwn yn teimlo'n lluddedig ac yn anghysurus ac roedd Nhad bron â gadael i'r tân farw. Twymais fasned o laeth a'i fwyta gyda bara-menyn, a phenderfynu ei throi i'r cae nos yn gynnar. Curais wrth ddrws ystafell Hannah wrth basio.

'*Entre.*'

A dyna lle roedd hi'n eistedd wrth danllwyth o dân yn sgrifennu llythyrau, a Johnnie'n cysgu'n drwm. Roedd Hannah yn cynnau tân yn ei hystafell wely bob dydd, ac roedd hynny'n mynd dan groen Nhad. Gwastraff oedd cynnau tân mewn stafell wely.

'Pam na allith hi eistedd yn y gegin fel pawb arall? Fi sy'n gorfod talu am y glo. Odi hi'n gwybod fod glo yn costi dros bunt y dunnell?'

84

'Mae'n oer yma, ac mae Hannah wedi arfer â byw mewn gwledydd poeth.'

'Ffwlbri noeth! Fe ddylai wybod fod popeth yn wahanol yma.'

'O leia mae'n gofalu ar ôl y tân ei hunan. Rydw i'n gorfod cynnau'r tân yn eich siop lyfrau chi a chlirio'r grât bob dydd.'

Roedd hen ysbryd digon croes a checrus wedi datblygu rhwng Nhad a minne'n ddiweddar. Roeddwn yn ei adnabod yn ddigon da i wybod ei fod yn teimlo'n euog ynglŷn â rhywbeth, a doedd hynny ddim yn help i'n perthynas.

Twymais drwof o flaen y tân ac adroddais hanes y diwrnod wrth Hannah, ond doedd ganddi ddim diddordeb. William oedd ei holl fyd. Hannah, druan fach. Doedd ond gobeithio y byddai'n deffro i'w dyletswyddau pan ddeuai William adref.

Es i'r gwely'n gynnes a bodlon. Cysgais yn drwm.

Rhywbryd yng nghanol y nos, dihunais yn sydyn o'm trymgwsg; roedd rhywun yn curo drws fy stafell. Amhosibl. Sŵn o stafell Hannah mae'n debyg, neu fallai Nhad yn dod i'r tŷ. Gorweddais 'nôl i gysgu. Ond dyma'r gnoc eto, yn gryfach y tro 'ma.

Codais. Agorais y drws yn ofnus. Doedd neb yno. Dychymyg oedd y cyfan. 'Nôl i'r gwely, ond erbyn hyn roeddwn yn wyliadwrus ac yn hollol effro.

Daeth llais egwan o gyfeiriad y drws. Llais William—'Nel, Nel.'

Roeddwn yn chwys diferol, a gwthiais fy mhen dan y blanced. Caeais fy llygaid yn dynn a gwelais William yn hollol glir, ar wely mewn ysbyty, a nyrs wrth ei ymyl. Roedd ei goes dde wedi'i thorri bant yn y bôn.

Doeddwn i ddim yn cysgu. Doeddwn i ddim yn breuddwydio. Roeddwn i'n effro; roeddwn i eisiau crio, eisiau sgrechian dros bob man. Ond fedrwn i ddim. A dyma lais bloesg yn dod eto allan o'r tywyllwch o gyfeiriad y drws.

'Nel, bydd yn gefen i Hannah a'r crwt bach. Nos da.'

Er bod y llais yn wan ac yn gryg, llais William oedd e, doedd dim amheuaeth am hynny. Roedd yn brofiad mor arswydus o real nes i mi weiddi 'nôl i'r gwacter tywyll,

'Mi fydd popeth yn iawn, William, mi fydd popeth yn iawn.'

Roeddwn yn crynu fel yr aethnen. Nid breuddwyd oedd e, nid hunllef, ond profiad echrydus.

Codais. Cyneuais y gannwyll. Fedrwn i ddim dioddef y tywyllwch. Bûm wrthi tan i'r wawr dorri yn pendroni, yn dadansoddi ac yn amau'r cyfan. Ond yn y diwedd fedrwn i ddim twyllo fy hunan. Roedd yn rhaid i mi gredu, credu fy mod wedi bod mewn cysylltiad â'r goruwchnaturiol. Cododd arswyd arnaf, a phenderfynais beidio â rhannu'r profiad ag undyn byw.

*   *   *

Aeth dyddiau heibio, a'r profiad yn pwyso'n drwm arna i, mor drwm nes i Nhad ofyn,

'Wyt ti'n iawn, Ellen? Wyt ti'n edrych yn ddigon llwyd.'

'Ydw, Nhad, yn berffaith iawn.'

Mae mor hawdd dweud celwydd. Ddiwedd yr wythnos daeth bwndel o lythyrau, i gyd gyda'i gilydd. Daeth dau oddi wrth Dyfrig i Nhad a minne, tri neu bedwar i Hannah oddi wrth William, un o Batagonia oddi wrth Johnnie fy mrawd, ac un i minne oddi wrth Mrs Jones, Rhymni.

Roedd llythyrau Dyfrig yn llawn gobaith, ac yn darogan y byddai'r rhyfel drosodd ymhen rhai wythnosau, efallai dyddiau. William wedi newid ei gynlluniau. Byddai'n dod adre i gyrchu Hannah a'r plentyn; byddai'n prynu ffarm yn Ne Affrica; câi fantais o dir rhad yno am ei fod wedi ymladd ym myddin Prydain Fawr. Johnnie wedi cael dyddiad i ymfudo i Ganada, a'r newydd da oedd y byddai'r llong *Archimedes* yn galw yn Lerpwl ar ei ffordd i Ganada. Byddai'n aros yno am dridiau, a'r gobaith oedd y byddem yn gallu mynd lan yno i'w cyfarfod.

Y newydd pwysig oddi wrth Mrs Jones o Batagonia oedd fod John wedi derbyn galwad i fugeilio eglwys ym Morgannwg, ei fod wedi derbyn yr alwad a'i fod yng Nghymru ers misoedd bellach. John yng Nghymru ers misoedd a minnau'n gwybod dim! Pam na fyddai wedi danfon gair ataf? 'Fe gaf i dy weld yng Nghymru,' oedd ei eiriau olaf wrth ymadael. Geiriau gwag, ac fe ddylwn fod wedi dysgu i dderbyn y cyfan erbyn hyn, a hynny heb siomi.

Syndod arall y diwrnod hwnnw oedd derbyn dau lun, ar ôl blino disgwyl amdanynt; y lluniau a dynnwyd gan y dyn â'r dant aur yn

Buenos Aires. Lluniau anniddorol iawn, a Nhad a minnau'n sefyll yn stond, ac yn edrych mor anystwyth â choes brws.

Cafodd y llythyrau effaith wyrthiol ar Hannah. Rhaid oedd cael dillad newydd i fynd i Affrica. Byddai gwell tywydd yno nag yng Nghymru, heulwen ac awyr las beunydd. Roedd hi wedi cael hen ddigon ar y glaw, y niwl a'r oerfel yn Dre-fach. A bod yn hollol onest, roeddwn innau hefyd. Felly i ffwrdd â ni ein dwy i Gastellnewydd i brynu defnyddiau ysgafn i mi gael gwnïo ffrogiau, sgyrtiau a blowsus di-ri iddi. Roedd hi wrth ei bodd; a minnau hefyd yn cael modd i fyw o weld fy hen beiriant gwnïo yn brysur unwaith eto.

Dyna ddiwedd hefyd ar ei phererindod dyddiol i gadw llygad ar Ffynnon Dudur, y ffarm oedd William yn mynd i'w phrynu pan ddeuai gartre. Roedd hynny'n rhyddhad, achos roedd ei syniadau ffôl wedi achosi cryn bryder i Nhad a minnau.

'Mhen tua mis ar ôl derbyn y llythyrau, dyma'r wraig drws nesaf yn rhuthro'n wyllt i'r tŷ gan weiddi'n gynhyrfus,

'Miss Davies, Miss Davies, clywch, gwrandwch!'

Pam oedd yn rhaid i bawb fy ngalw yn Miss Davies? Roedd tinc mor hen-ferchetaidd o'i gwmpas. Achos 'mod i mor stans a thrwyn-uchel, medde Nhad.

'Miss Davies, Miss Davies!'

'Beth yn eno'r tad sy'n eich cynhyrfu?'

'Mae'r rhyfel wedi bennu! Mae Rhyfel y Boer wedi bennu!'

'Beth? Pwy ddwedodd? Sut y'ch chi'n gwybod?'

'Dewch mas, dewch mas, gwrandwch, gwrandwch.'

A dyma ragor o bobol yn casglu o gwmpas y tŷ.

'Newydd da, newydd da.'

Roeddwn yn dal yn y tywyllwch a dyma ofyn yn hurt,

'Pwy ddwedodd wrthoch chi?'

'Mae'r trên wedi bod yn chwibanu am ugain munud a mwy, ac mae'n dal i chwibanu.'

Ac yn wir, ond clustfeinio, fe glywais y chwibanu o'r pellter.

'Ydych chi'n siŵr?'

'Wrth gwrs ein bod yn siŵr, dim ond ar amgylchiade arbennig a phwysig iawn mae'n dal 'mlaen i chwibanu cyhyd.'

Gelwais ar Hannah a dweud wrthi. Rhedodd mas i'r hewl a gweiddi'n orfoleddus.

'*Gracias a Dios! Gracias a Dios!*'

Ie, diolch i Dduw, medde finnau.

Wyddai Hannah ddim beth i'w wneud â'i hunan. Cydiodd yn Nhad yn gorfforol a'i droi o'i gwmpas yn ei breichiau fel twm-twff. Trawyd hwnnw'n syfrdan, ond roedd yn rhy llawn o orfoledd i wrthwynebu.

Er gwaethaf yr holl lawenydd, roedd cof am y 'profiad' yn aros, ac yn hofran fel aderyn corff uwch fy mhen.

Pennod XIX

Roedd ein bywydau ni yng Nghamwy wedi'u gweddnewid. Roedd Hannah yn ferch hapus. Cerddai drwy'r pentref, ei chefn yn syth a'i phen yn y gwynt, gwenai ar bawb yn ddiwahân a chyfarchai bawb gyda 'Bore da, bore da', a hynny ar bob awr o'r dydd. Dyma'r Hannah y syrthiodd William mewn cariad â hi. Daeth y gloywder 'nôl i'w llygaid mawr duon, a'r gwrid i'w bochau.

Gwisgai mewn dillad lliwgar, ffasiynol, ac roedd yn destun edmygedd gan ferched y pentre. Roedd stamp gwraig fonheddig ar Hannah. Roedd yn fwy amyneddgar tuag at Johnnie hefyd, a'r bychan yn ymateb i gariad ei fam. Roedd hwnnw'n brygowthan Sbaeneg a Chymraeg yn un gybolfa, ac yn gariad i gyd. Telen oedd ei enw arna i, cyfuniad o Anti ac Ellen, a byddai'n treulio mwy o'i amser yn fy nghwmni i nag y byddai gyda'i fam. Roedd Dad-cu yn ffefryn mawr hefyd, codai ef ar ei ysgwyddau a'i gario fel cocyn coch o gwmpas.

Aeth mis heibio, a ninnau heb glywed gair o Dde Affrica, ond fe ddaeth teligram oddi wrth Johnnie, fy mrawd, o Lerpwl: 'Arrive Liverpool, leave Friday early.' Ac yr oedd yn brynhawn Iau yn barod! Fe gymerodd bron i ddau ddiwrnod i'r neges gyrraedd pen ei thaith.

Roedd Nhad a minnau wedi edrych 'mlaen i'w gweld, yn dyheu am eu gweld, ac roeddwn wedi cael pumpunt gan Hannah am y gwaith gwnïo, hen ddigon i mi dalu am y daith heb fynd ar ofyn fy nhad.

Roeddwn yn siomedig, yn drist siomedig, ac fe wylais ddagrau o siom yn agored a heb gywilyddio, tra bytheiriai Nhad yn swnllyd gan feio pawb a phopeth. Mae'n gysur medru beio, os nad oes bai arnoch chi eich hunan.

Roedd yn uchel iawn ei gloch yn beio Saeson Lerpwl, y rheini'n methu sillafu enwau Cymraeg; y brenin newydd yn ddi-hid ac yn osgoi ei ddyletswyddau. Doedd e ddim yn glir iawn beth oedd ei ddyletswyddau, chwaith.

'Does dim siâp ar y wlad 'ma oddi ar farwolaeth yr hen gwîn.'

'Sut gwyddoch chi? Roeddech chi ym Mhatagonia yr adeg honno.'

'Wyt ti'n deall dim am wleidyddiaeth, Ellen. Dw i'n mynd i sgrifennu at y Prif Weinidog.'

'Fyddwch chi damaid callach. Sais yw hwnnw hefyd.'

'Beth wyt ti'n 'i awgrymu, lodes? Mi fedra i sgrifennu Saesneg cystal ag unrhyw Sais.'

'Iawn, sgrifennwch chi, ond 'ta beth wnewch chi, welwn ni mo Johnnie a'i deulu bach fyth eto.'

Ie, dyna'r gwir, ac roedd y gwir yn brifo hyd at yr asgwrn. Pan ffarweliais â nhw ym Mhorth Madryn, daeth y teimlad i mi'n gryf na welwn i byth mohonyn nhw wedyn. Y tro hwn, roeddwn yn llawenhau o feddwl, er gwaethaf pob teimlad proffwydol, y cawn eu gweld, pe bai ond am awr neu ddwy. Chwalwyd y gobaith hwnnw, a mwy na thebyg fod fy nhad wedi taro ar y rheswm hefyd. Mae'r Saeson yn hollol anwybodus am Gymru, ac am ein hiaith. Neu pam oedd yn rhaid i'r teligram fynd i Lundain cyn dod 'nôl i Dre-fach? Roedd yn bedwar o'r gloch brynhawn Iau arno'n cyrraedd, a'r trên olaf wedi gadael Henllan am y gogledd, a gyda'r trên hwnnw fe ddiflannodd y cyfle na ddeuai byth 'nôl o weld Johnnie, Sarah Jane a'u tri phlentyn bach, Gwen, John a Hannah.

Roeddem yn dal i ddisgwyl llythyrau oddi wrth William a Dyfrig, ond dim gair. Roedd dros bum wythnos wedi mynd er diwedd y rhyfel, ac roeddem i gyd yn llawn pryder, a Hannah yn dechrau ymneilltuo i'w hystafell unwaith eto.

Yna, ar fore Gwener, daeth y postmon ag un llythyr a hwnnw wedi ei gyfeirio i mi. Roedd hynny'n beth rhyfedd, achos roedd pob llythyr oddi wrth Dyfrig wedi ei gyfeirio i Nhad, ac o'r tu mewn byddai'n ein cyfarch ni'n dau 'Fy annwyl dad a chwaer'. Ond roedd hwn yn wahanol, yn frawychus o wahanol, a daeth ton o arswyd drosof. Rhaid oedd ei agor. Rhwygais yr amlen yn ofidus, ofnus.

Annwyl chwaer,

Mae'n ddrwg gyda vi roi newyddion mor drist i ti. Bu varw William ddoe mewn ysbyty yn Wynberg. A vyddi di gystal â thorri'r newydd i Hannah a Nhad.

Rhan o lythyr Dyfrig at ei chwaer, yn torri'r newydd am farwolaeth William.

90

Roedd yn llythyr hir, ond fedrwn i ddim darllen rhagor. 'Bu varw William'—roedd y cyfan wedi'i ddweud. Roeddwn yn ail-fyw'r profiad, ac unwaith eto fe welais William yn hollol glir a'i goes wedi'i thorri i ffwrdd yn gweiddi o'r tywyllwch 'Nel, Nel'.

Roedd y byd yn troi; gwnes ymdrech i beidio â llewygu. Plygais fy mhen ar y bwrdd, ond ni ddeuai deigryn ac roedd fy nhafod wedi cloi yn fy ngheg. Clywais droed Hannah ar y grisiau. Gwaeddodd yn sionc, 'Oes 'na lythyr i mi?'

Codais fy mhen i edrych arni, a gweddïais yn ddistaw, 'O Dduw, bydd yn ffrind iddi yn ei gofid.'

Edrychodd Hannah ym myw fy llygaid; gwelodd yno bryder a phoen. Ddwedais i 'run gair, fedrwn i ddim. Ddwedodd hithau ddim chwaith, dim ond edrych, a gwelodd y gwirionedd yn fy llygaid. Yna mewn llais bloesg dywedodd,

'William *ha muerto.*'

Doedd dim angen ateb, roedd yr ateb yn fy wyneb gwelw, a'm llygaid clwyfus. Trodd yn araf heb ddweud gair arall, heb ddeigryn, heb ochenaid. Aeth i fyny'r grisiau fel hen wraig, yn boenus o araf, gan lusgo'i thraed. Clywais ddrws ei hystafell yn agor a chau. Clywais y bollt yn cael ei dynnu. Roedd wedi cloi ei hunan oddi wrth bawb; oddi wrth bawb a phopeth ond ei gofid a'i hiraeth.

Darllenais y llythyr drwyddo, ond roedd fel darllen hen hanes. Yr unig wybodaeth newydd oedd y rheswm am ei farwolaeth. Roedd y rhyfel drosodd ac yntau'n goruchwylio clirio'r llanast; saethodd bwled fyw o'r tân a'i daro yn ei goes, ac yntau ar gefn ceffyl. Aethpwyd ag ef i'r ysbyty, lle y torrwyd ei goes i ffwrdd, ond ni rwystrwyd y gwenwyn rhag lledu trwy'i gorff. Bu farw ymhen wythnos. Fe'i claddwyd ddiwrnod cyn i Dyfrig gyrraedd, a doedd yr un perthynas yn bresennol yn ei angladd, neb i golli deigryn ar lan ei fedd.

Clywais Nhad a Johnnie yn brasgamu tua'r tŷ.

'Oedd 'na lythyr 'da'r post heddi?'

Roedd y llythyr ar y bwrdd o'm blaen.

'Be sy Ellen, wyt ti'n edrych fel corff.'

Doedd dim angen geiriau, synhwyrodd yntau fod rhywbeth mawr o'i le.

'Dyfrig?'

'Nage, William.'

Cymerodd y llythyr, ac aeth i'w lyfrgell gan adael Johnnie bach i mi, a llais William yn atsain yn fy nghlustiau, 'Bydd yn gefen i Hannah a'r crwt bach.'

'Eisiau bwyd, Telen.'

Es ati i weithio bwyd i Johnnie ond gwyddwn na fyddai neb arall ag angen cinio y diwrnod hwnnw.

Ar ôl i Johnnie orffen ei fwyd, es at Nhad, a dyna lle roedd e ar ei liniau yn gorffwys ei ben ar gadair, ac yn wylo'r dagrau'n hidl. Diolch am hynny. Diolch ei fod yn gallu rhoi mynegiant i'w deimladau. Roedd wedi gorfod wynebu mwy nag un brofedigaeth yn ystod ei fywyd, ond dyma'r tro cyntaf iddo golli plentyn. Rhoes i fy llaw ar ei ysgwydd a'i adael i'w ofid. Mae pawb eisiau llonydd pan fo clwyfau i'w llyfu.

Roedd fy ngheg i'n sych a'r dagrau wedi rhewi. Methais wylo pan fu farw Mam, methais heddiw eto. Efallai mai hynny oedd orau, tra bo'r plentyn o gwmpas.

'Pam mae Da-cu'n llefen, Telen?'

Teimlais fod yn rhaid dweud y gwir wrtho, er nad oedd ond tair oed. Tybed a wyddai ystyr marwolaeth? Rhaid oedd ei ateb.

'Mae Dad wedi marw, Johnnie bach.'

'Dad pwy, Telen?'

'Dad Johnnie bach wedi marw yn Affrica.'

'Wedi marw 'run fath â Pwsi?'

Cofiais amdano yn hiraethu ar ôl y gath a welodd yn farw ac a welodd Nhad yn ei chladdu yn yr ardd. Wyddwn i ddim beth i'w ddweud.

Distawrwydd.

'Ble mae Mama?'

'Yn ei llofft.'

'Ydy Mama yn llefen?'

'Ydy, Johnnie, mae Mama yn llefen hefyd.'

'Ydy Mama yn mynd i Affrica?'

'Na, dim nawr.'

'Fi ddim eisiau mynd i Affrica 'da Mama. Fi eisiau aros 'da Telen.'

A dyma fe'n mynd mas heb ragor o holi, ac yn ymddangos yn hollol ddidaro. Dim ond ychydig fisoedd oed oedd e pan hwyliodd ei dad i Affrica, a doedd ei dad yn golygu dim mwy iddo na llun mewn ffrâm.

Fe ddylwn fod wedi'i rwystro rhag mynd allan. Y peth cynta' ddwedodd e wrth y dyn cynta' a welodd e ar y ffordd oedd 'Mae Dad wedi marw.' A chyn pen deng munud roedd y lle'n llawn o gymdogion yn galw i gydymdeimlo er nad oedd arnaf awydd gweld undyn byw.

Roedd y gegin mor fach a dim ond lle i bedwar eistedd. Roedd yn ganol haf ond roedd yn rhaid wrth dân, ac roedd llond lein o ddillad yn crasu o'i flaen. Hiraethwn bob dydd am haul y Wladfa, ac am y ffordd o fyw oedd yno. Doedd neb yno yn galw yn y tŷ i gydymdeimlo adeg galar. Roedd yn rhaid claddu'r meirw yno drannoeth y farwolaeth, a byddai pawb yn cydymdeimlo â'r perthnasau ddiwrnod yr angladd neu yn y capel y Sul canlynol.

Doeddwn i ddim yn nabod y bobol a ddaeth heibio a theimlwn fel cau fy hunan yn fy stafell 'run fath â Hannah ond roedd y cydymdeimlo'n rhoi cysur i Nhad, a byddai'n adrodd yr hanes trist fel y'i cafodd yn llythyr Dyfrig, drosodd a throsodd a throsodd, hyd syrffed. Theimlais i erioed mor anghyffordddus. Fedrwn i ddim bod yn serchus a diolchgar. Roeddwn i eisiau gweiddi, 'Ewch adre a gadewch lonydd inni gyda'n gofid.' Ac roedd ambell un yn gofyn cwestiynau hollol ddisynnwyr, a hynny er mwyn cael rhywbeth i'w ddweud, mae'n debyg.

'Ydych chi'n dod â'r corff adre i'w gladdu?'

'Ydych chi'n mynd draw i'r angladd?'

Fedrwn i mo'u hateb, fedrwn i mo'u dioddef; yr unig beth oeddwn i'i eisiau oedd llonyddwch i ddod i delerau â'm gofid.

Y noson gyntaf honno a phawb wedi mynd, a ninnau yng nghanol ein gofid, daeth gwraig dal, drwsiadus i'r drws, ac meddai, 'Rydw i wedi dod i gydymdeimlo â Mr Davies.'

Soniodd hi ddim am gydymdeimlo â Hannah a Johnnie bach ac â minnau. Gofynnais iddi yn ddigon cwrtais i ddod i mewn. Pan welodd Nhad, aeth ato a gafaelodd y ddau yn ei gilydd yn annwyl a chariadus. Gwawriodd y gwirionedd arna i. Nid cymydog yn dod i gydymdeimlo oedd hon, ond cariadferch yn dod i gysuro ei chariad yn ei ofid a'i alar. Roedd hyn yn ergyd arall i mi ac yn esbonio lle yr âi bob nos.

Es mas o'u golwg, gyda gofid arall ychwanegol yn wasgfa ar fy ysbryd. Ond nid dyna'r amser i edliw a chwyrnu, deuai hynny eto. Roedd un gofid yn ddigon ar y tro.

Pennod XX

Dyddiau duon oedd y dyddiau hynny; methu sylweddoli maint y golled, a methu deall trefn rhagluniaeth. Roedd cymdogion a ffrindiau Nhad yn dal i alw ond, er mawr gywilydd i mi, allwn i byth ddygymod â'u cydymdeimlad a'u cymwynasgarwch. Roedd lwmp fel carreg yn fy stumog a theimlwn fel talpyn o rew a hwnnw'n gwrthod dadlaith.

Methwn wylo, a methwn chwaith gysuro Hannah. Roedd hi'n dal yn ei hystafell oddi ar iddi dderbyn y newydd, a hynny ers bron i wythnos. Curais wrth ei drws droeon, ond i ddim pwrpas. Clywn hi'n cerdded o gwmpas fel creadur mewn cell. Gwyddwn fod ganddi ryw gymaint o fwyd yn ei stafell, ac roedd hynny'n rhyw gymaint o gysur. Gyrrais Johnnie i guro wrth y drws, ac fe'i clywais yn gweiddi, 'Mamá, Mamá'. Gwrthododd agor iddo yntau hefyd. A thrwy'r amser roedd y geiriau 'Bydd yn gefen i Hannah a'r crwt bach' yn troi fel chwyrligwgan yn fy mhen.

Roedd Nhad yn dal i siarad a siarad, ac adrodd yr un hen hanes drosodd a throsodd, nes fy ngyrru'n benwan. Roedd hynny'n gysur iddo fe, mae'n debyg, ond roeddwn i'n dyheu am ddihangfa ac yn dyheu am unigrwydd y Paith.

Pan fu marw Mam, cefais gysur o farchogaeth am filltiroedd i'r gwylltineb, ac yno y deuthum i delerau â'm colled. Ond yma yn Dre-fach doedd dim modd dianc; roeddwn yn cael fy mygu gan bobol a'u cydymdeimlad. Nid cydymdeimlad oeddwn ei angen, ond llonyddwch i fyw gyda'm gofid.

Ond roedd Johnnie wrth ei fodd. Doedd e ddim yn deall arwyddocâd y llond tŷ o ddieithriaid; roeddent yn ei faldodi a'i bentyrru â moethau. Yntau'n derbyn y cyfan gyda gwên a'r rheini'n dotio o'i glywed yn dweud, 'Muchas gracias'.

'Mhen yr wythnos daeth llythyr swyddogol i Hannah o'r Swyddfa Ryfel yn ei hysbysu fel a ganlyn: *'We regret to inform you that Sergeant William Daniel Davies was killed in action on May 30th 1902'*. A chyda'r un post roedd llythyr arall i Hannah a gwyddwn oddi wrth yr ysgrifen mai llythyr oddi wrth William ydoedd. Bûm mewn cyfyng gyngor p'un ai a ddylwn ei roi iddi ai peidio. Teimlwn mai rhoi halen ar y briw fyddai hynny. Ond na, fe gafodd gysur o'i ddarllen; fe gyffyrddodd â rhyw linyn cudd yn ei chalon, llaciodd y tyndra a llifodd y dagrau a oedd wedi sychu'n grimp oddi ar iddi glywed am y trychineb.

Yna rhoddodd y llythyr i mi i'w ddarllen. Roedd yn llawn cynlluniau uchelgeisiol am brynu ffarm yn Ne Affrica, ac yn sôn sut y byddai'n dod adre ddiwedd yr haf i'w cyrchu. Chefais i ddim cysur o'i ddarllen.

Roedd Hannah erbyn hyn wedi mentro mas o'i stafell, ac yn pigo bwyd ar yr un ford â ni. Wnâi hi ddim siarad ond hynny oedd raid, a rhedai 'nôl fel llwynog i'w ffau cyn gynted ag y clywai rywun yn dynesu at y drws. Gwrthodai'n bendant wynebu pobol, a gwrthodai hefyd edrych ar ôl Johnnie. Roedd hynny'n ofid ychwanegol ond roedd y bychan yn ddigon hapus gyda'i dad-cu a minnau. Roedd e hyd yn oed yn cysgu gyda mi, mewn ystafell gyfyng, y leiaf yn y tŷ.

Dechreuodd Nhad unwaith eto ar ei bererindod hwyrol, a gwyddwn bron i sicrwydd pam yr elai. Roedd y cymylau'n dechrau casglu, a gwyddwn y byddai'n rhaid i'r storom dorri, a hynny cyn bo hir. Gwyddwn y byddai'n storom enbyd, ond mater o raid oedd i minnau gael gwybod ei gynlluniau, nid yn unig er fy mwyn i fy hunan, ond er mwyn Hannah a Johnnie hefyd. Duw yn unig a wyddai eu tynged nhw.

Tua phythefnos ar ôl clywed am farwolaeth William, daeth llythyr i Hannah wedi'i bostio yn Valparaiso. Gwyddwn ei bod yn clywed o bryd i'w gilydd oddi wrth ei brawd, a gwyddwn hefyd ei bod yn ateb ei lythyrau, ond ni fu mewn cysylltiad â'i rhieni oddi ar ddydd ei phriodas. Darllenodd y llythyr, heb ddangos unrhyw gyffro na theimlad, ac yna ei daflu yn syth i'r tân.

'Oes rhyw newydd o Chile, Hannah?'

'*Si, Madre ha muerto.*'

95

Ei mam wedi marw! A hithau'n taflu'r llythyr i'r tân! Ond roedd wedi gwerthu ei rhieni am William, ac wedi pentyrru ei serch a'i holl obeithion arno fe, ac arno fe'n unig, fel nad oedd ganddi ddim cariad ar ôl i'w rannu â neb arall, dim hyd yn oed â'i phlentyn.

Erbyn hyn pryderwn am eu dyfodol ac am fy nyfodol innau hefyd. Byddai'n rhaid i mi chwilio am waith, ond sut fedrwn i droi fy nghefen ar Hannah a Johnnie? Beth ddeuai ohonyn nhw? Hyd iddi briodi William, roedd Hannah wedi byw bywyd merch fonheddig. Wnaeth hi erioed ymdrech i ddysgu Cymraeg na Saesneg chwaith. Roedd hi'n gallu siarad ychydig o Ffrangeg, mae'n debyg, ond pa ddefnydd fyddai hwnnw iddi yn Dre-fach? Ni feiddiwn ofyn iddi am ei chynlluniau at y dyfodol. Doeddwn i ddim eisiau iddi feddwl ein bod am gael gwared ohoni. Wyddwn i ddim faint o arian oedd ganddi wrth gefn, ond roeddwn yn siŵr nad oedd ganddi ddigon i fyw arno am ei hoes, a chadw Johnnie hefyd. Merch glòs, yn cadw pob teimlad a chyfrinach iddi'i hunan oedd Hannah, ac roedd yn cau fel cocsen wrth gael ei holi.

Trefnwyd cyfarfod coffa i William yng Nghlos-y-graig. Rhaid oedd cael dillad newydd, dillad galar, a bûm wrthi'n gwnïo am ddyddiau i Johnnie a minnau. Roedd gan fy nhad ddillad duon. Gwrthododd Hannah yn hollol bendant gael dillad newydd; gwisgai yr un dillad lliwgar o ddydd i ddydd. Doedd hi ddim yn credu mewn mwrnin. Roedd fy nhad yn llawn pryder yn ei chylch.

'Mi fydd yn rhaid iddi ddod i'r Cwrdd Coffa neu mi fydd pobol yn siarad. Gwed wrthi.'

Dwedais wrthi. Gwrthododd yn chwyrn.

'Pabydd ydw i, a dyna ddigon, a Phabydd yw Johnnie hefyd.'

'Ond fe ddaw Johnnie bach i'r cwrdd 'da fi.'

'*No, no, no, no . . .*'

Ac fe wyddwn yn well na neb ystyr y '*no, no*' diddiwedd.

Rhwystrodd Johnnie hefyd rhag gwisgo ei ddillad duon newydd, a gwisgodd ef yn ei ddillad cyffredin bob dydd gan anwybyddu'r dillad y bûm i wrthi am oriau yn eu gwnïo.

Mae'n debyg fod y Cyfarfod Coffa yn gwrdd llwyddiannus iawn, a phawb mewn cydymdeimlad â'r teulu. Mae arna i ofn na wrandewais i 'run gair ar y pregethwr a'r blaenoriaid. Roedd fy meddwl yn rhy derfysglyd. Doedd yr un ohonyn nhw'n adnabod William, nac yn gwybod dim oll amdano, a dyna lle roedden nhw'n mynd 'mlaen a 'mlaen yn ddiddiwedd, ac yn dweud dim o bwys yn y diwedd.

Rhuthrais oddi yno, heb siarad â neb, a hynny er mawr ofid i Nhad. Ar y ffordd adre cwrddais â Tom Brynawel, y bachgen hynaws a geisiodd achub fy ngham yn y ffatri. Ddwedodd e ddim llawer, ond teimlwn fod ei gydymdeimlad yn ddidwyll, a theimlwn hefyd yn falch o'i gwmni ar y ffordd adref. Holai fi am Hannah a'r plentyn, ac am y tro cyntaf er i William farw, agorais fy nghalon iddo, a siarad yn rhydd

Thomas Jones (Tom Brynawel), 1870-1956

am fy ngofidiau ac am fy amheuon. Gwrandawai ar fy mhryderon heb ddweud llawer, a theimlwn yn ysgafnach yn ysbrydol o dderbyn ei gydymdeimlad tawel, a chael ei gwmni i ddrws y tŷ.

Ddaeth Nhad ddim adref am oriau. Gwyddwn yn iawn at bwy yr aeth ef am gysur. Byddai'n rhaid i mi, a hynny cyn bo hir, wyntyllu'r cyfan, a chael gwybodaeth bendant ynglŷn â'i gynlluniau. Doedd bosib ei fod yn bwriadu priodi eto ac yntau'n tynnu at ei drigain a deg, ei gam yn fyr, ei war yn crymu, a chanddo ddim digon o fodd i gadw ei hun, heb sôn am gadw gwraig.

Na, roedd y dyfodol yn dywyll ac yn gyforiog o dristwch, a thra byddai Hannah a Johnnie gyda ni, byddai'n rhaid i minnau aros i'w gwarchod.

'Bydd yn gefen i Hannah a'r crwt bach.'

Pennod XXI

Llusgai amser. Aeth y dyddiau yn wythnosau, a'r wythnosau'n fisoedd, ac roedd y gaeaf ar ein gwarthaf unwaith eto. Roeddwn yn casáu'r gaeaf, a hiraethwn am haul ac awyr las y deheudir pell. Roedd bywyd bob dydd mor anodd yn Dre-fach o'i gymharu â Phatagonia; rhaid oedd golchi pob dilledyn yn y tŷ, eu sychu yn y tŷ weithiau a'u crasu wedyn o flaen y tân. Yma, rhaid oedd cael tân bob dydd o'r flwyddyn, haf a gaeaf. Dim ond ar dro y byddem yn cynnau tân yn y Wladfa; roedd ffwrn bobi yn yr awyr agored a byddem yn cynnau tân yn yr awyr agored hefyd, pe bai angen berwi rhywbeth.

Ond yma yn Dre-fach, roedd yn rhaid wrth dân bob dydd: tân yn y gegin i gynhesu wrtho, i goginio ac i grasu pob pilyn; tân i Nhad a'i lyfrau, a thân i Hannah yn ei stafell hi, a byddai'r llwch yn codi'n gymylau wrth godi'r lludw bob bore. Roeddwn bron â chael fy nhagu gan y llwch, y niwl a'r oerfel. Ac nid fi oedd yr unig un i ddioddef. Roedd Johnnie bach yn peswch yn barhaus, gydag un annwyd yn dilyn y llall drwy'r gaeaf.

Doedd neb yn sôn am William mwyach. Roeddem ein tri'n osgoi sôn amdano, ond yn dal i hiraethu a'r hiraeth hwnnw, o'i guddio, yn magu crach.

Derbyniais lawer o lythyrau cydymdeimlad a'm gadawodd yn hollol oer. Mae'r rheini'n llythyrau anodd i'w hysgrifennu, ac yn anoddach fyth i'w deall. Ond fe dderbyniais lythyr oddi wrth fy hen ffrind John Thomas, Llanwrtyd, a roddodd ryw gysur cyfrin i mi:

'Ni roddwyd yr hawl i ni feidrolion i holi pam. Paid â byw yn y gorffennol, Ellen annwyl, mae gennyt gymaint i'w gynnig i'r dyfodol . . .'

A phenderfynais ymwroli ac wynebu'r dyfodol tywyll.

Cadwai Hannah yn glòs i'w hystafell. Deuai lawr i brydau bwyd yn unig, gan adael Johnnie yn fy ngofal i yn llwyr, heblaw yn ystod oriau'r nos.

Roedd y prydau bwyd yn boen ac yn benyd, pawb yn edrych ar ei blât heb yngan gair, heblaw dweud rhyw fanion dibwys fel 'pasiwch yr halen, pasiwch y pupur'. Yna âi Nhad yn ôl at ei lyfrau a Hannah i'w hystafell, gan adael gofal Johnnie a'r gwaith tŷ i mi. Anodd oedd coginio ar lygedyn o dân mewn grât fechan gul, a'r tân hwnnw i fod i gynhesu ffwrn fechan wrth ei ochr. Doedd dim byd yn gweithio'n iawn ac o ganlyniad roedd y coginio yn dioddef. Ond y gofid pennaf oedd diffyg arian, a Nhad yn gwrthod wynebu'r argyfwng. Pe bawn yn crybwyll arian, byddai naill ai'n cerdded bant, neu'n dweud wrthyf am beidio â becso. Chwarae teg i Hannah, gofalai fod arian ar gael i'w chadw hi a Johnnie a byddai'r arian hynny yn aml yn gorfod ein cadw ni'n pedwar mewn bwyd.

Roedd Hannah yn achos poen a phryder. Roedd fel pe bai wedi rhoi fyny'r awydd i fyw. Cadwai i'w hystafell ac ni ddangosai unrhyw fath o deimlad. Roedd ei dagrau wedi hen sychu. Unwaith yn unig y gwnaeth hi ymollwng, a hynny pan dderbyniodd y llythyr hwnnw oddi wrth William ar ôl ei farw. Gwyddwn y derbyniai lythyrau'n gyson o Valparaiso, ac roeddwn yn gobeithio y byddai ryw ddydd yn pender-fynu mynd 'nôl at ei theulu, ond roedd ein perthynas wedi ymbellhau i'r fath raddau fel na allwn fentro sôn wrthi am ei chynlluniau.

Ond un bore, wrth y bwrdd brecwast, dyma hi'n dweud yn hollol ddidaro,

'Rydw i'n mynd 'nôl i Chile cyn diwedd y mis.'

Edrychodd Nhad a minnau arni yn geg-agored mewn distawrwydd. Doedd Sbaeneg Nhad ddim yn dod yn rhwydd iddo, a sylweddolais ei fod yn chwilio am eiriau. Felly, er mwyn clirio'r awyr, dyma fi'n dweud,

'Mi fydd yn rhyfedd iawn yma, hebot ti a Johnnie.'

'O, fydd Johnnie ddim yn mynd. Rydw i'n gadael Johnnie yma i chi.'

'Beth?' meddai Nhad a finne'n un corws.

'Na, fedra i ddim mynd â Johnnie. Mae'n amhosibl.'

'Pam?' medde'r ddau ohonom wedyn.

'Dyw fy nhad ddim yn gwybod am ei fodolaeth.'

Roedd y bychan wrth y ford yn clywed popeth ac yn deall popeth, gwaetha'r modd, ac medde hwnnw'n hollol hunanfeddiannol a phendant,

'Johnnie yn aros 'da Da-cu a Telen.'

'Amhosibl, amhosibl,' medde Nhad yn wyllt, gan guro'r bwrdd â'i ddyrnau.

'Does dim byd yn amhosibl,' medde Hannah gan godi, a mynd o'r golwg i'w hystafell.

Fe'n gadawyd mewn penstandod. Roeddem ein dau mewn sioc. I feddwl ei bod yn cynllunio i adael ei hunig blentyn ar drugaredd perthnasau, er mwyn dianc i ochr draw'r byd i fyw mewn moethusrwydd! Roedd yn sefyllfa anghredadwy, ond o adnabod Hannah gwyddwn mai dyna a fyddai'n digwydd, heb os nac oni bai.

'Be wnawn ni, Nhad?'

'Rhaid iddi fynd â Johnnie 'da hi, a dyna ddigon.'

'Nhad annwyl, 'ych chi'n ei nabod yn well na hynna, does bosib. Unwaith y daw hi i benderfyniad, wnaiff yr undyn byw ei throi.'

'Wel, fedrwn ni mo'i gadw, mi fedra i fod mor styfnig â hithau.'

Yn anffodus, roedd y crwt bach yn dal gyda ni, yn clywed y cyfan, a dyma fe'n dechrau crio.

'Johnnie eisiau aros 'da Telen.'

Roedd yn annheg i drafod o flaen y plentyn. Cymerais ef lan at ei fam. Curo ar y drws.

'*Entre*.'

'Dyma Johnnie; edrych ar ôl dy blentyn. Mae 'da Nhad a finne faterion pwysig i'w trafod.'

Ac medde hithau'n dawel, a braidd yn ffroenuchel,

'Mi fydd Johnnie yn hapusach yma nag yn Chile, ac mi ddof 'nôl 'mhen dwy neu dair blynedd i'w gyrchu.'

Ac medde Johnnie wedyn yn Sbaeneg,

'Johnnie yn aros 'da Telen.'

'Ddof i byth i ben â hi,' meddwn yn ddigalon.

'Rwyt ti'n siŵr o ddod i ben â hi, mi gei di dâl am edrych ar 'i ôl e.'

Euthum allan yn swta, heb drafferthu i'w hateb, wedi cael fy siomi i'r byw, a doeddwn i ddim eisiau dweud rhagor chwaith yng nghlyw'r plentyn.

'Nhad, rydyn ni mewn trafferth dros ein pen a'n clustiau. Be wnawn ni, dwedwch? Mae'n benderfynol o fynd hebddo.'

'Bydd yn rhaid inni ei roi mas i'w fagu.'

'Fedrwn ni ddim, Nhad. Beth ddwedai William?'

'Mae William wedi mynd; fe droiodd e 'i gefen ar y ddau, a'u gadael ar ein trugaredd ni.'

'Rydych chi'n galed, Nhad.'

'Ddim hanner mor galed â Hannah.'

A dyna ddiwedd ar y drafodaeth am y tro, ond roedd yr holl helynt yn pwyso'n drwm ar fy stumog.

'Pryd wyt ti'n bwriadu mynd, Hannah?'

'Mewn pythefnos. Mae fy nhad wedi gyrru tocyn teithio i mi.'

'Wyt ti'n mynd 'nôl i fyw at dy dad?'

'Ydw.'

Dim gair arall o esboniad, dim un gair o ymddiheuriad, a dim rhithyn o gydwybod dros adael ei phlentyn bach.

Y dydd Mawrth canlynol aeth Nhad i Landysul. Byddai'n mynd yno'n achlysurol i ymweld â J. D. Lewis, Gomerian, lle prynai lyfrau i'w gwerthu. Parchai Mr Lewis fel masnachwr ac fel dyn, a chafodd gyfle i siarad ag e, a chael ganddo yntau glust i wrando ar ei holl drafferthion.

Pan ddaeth adref roedd ganddo ateb i'r dryswch i gyd. Roedd Mr Lewis yn gwybod am weddw barchus oedd yn magu plant maeth, menyw gydwybodol, menyw oedd wedi magu plant ei hunan, a'r rheiny wedi mynd dros y nyth erbyn hyn. Roedd hi'n byw tu fas i Landysul, a bu'r ddau yno yn ei gweld. Gofalai am un bachgen bach pedair oed ar hyn o bryd, a byddai'n falch iawn o fachgen arall i gadw cwmni iddo.

Yn bersonol, roeddwn i'n drist ac yn amheus o'r trefniant, ac eto beth arall fedrwn i 'i wneud? Rhaid oedd ymgynghori â Hannah, wrth gwrs. Na, doedd dim gwrthwynebiad 'da hi, fe wnâi les i Johnnie gael cwmni plentyn arall. Roedd hi fel pe bai'n falch i gael gwared ohono. Ond roedd fy nghydwybod i'n cnoi. Teimlwn mai fi ddylai ofalu amdano, ac roeddwn yn dal i gofio'r 'profiad', ac yn dal i gofio f'addewid i William. Ac eto, os nad oedd ei fam ei hunan yn barod i ysgwyddo'r baich o'i fagu, a hithau â digon o fodd, pam y dylwn i wneud, a minnau mor llwm â llygoden eglwys?

Yn ôl Nhad, yr unig ateb oedd ei roi yng ngofal y weddw barchus ac aeth eilwaith y dydd Mawrth canlynol i wneud y trefniadau terfynol. Y canlyniad oedd y byddai Johnnie yn mynd i fyw at Mrs Jones y Sadwrn nesa.

Roeddwn yn benderfynol styfnig y byddai Hannah yn hebrwng ei phlentyn i'w gartref newydd, ac nid gadael i mi ar fy mhen fy hun wynebu'r ffarwelio. Felly, fore Sadwrn, dyma ni'n hurio cerbyd a chychwyn yn gynnar i fynd â Johnnie, ei deganau a'i wely i dŷ Mrs Jones. Gwrthododd Nhad ddod gyda ni. Roedd yntau hefyd yn dioddef o hiraeth ac yn ofni'r ffarwelio. Roedd Johnnie wrth ei fodd yn cael dal yr awenau, ac yn annog y ceffyl ymlaen. Mae arna i ofn nad esboniais yr holl oblygiadau wrtho. Fy stori i oedd y byddai'n aros dros dro gyda bachgen bach arall tra bod *Mamá* yn Chile, a Telen yn gweithio, ac y byddai Da-cu a Telen yn dod i'w weld yn amal amal, ac y byddai yntau yn dod 'nôl at Telen yn yr haf. Teimlwn fel twyllwr diegwyddor. Wedi'r cyfan, dyna'r oeddwn mewn gwirionedd a doedd dim cysur i'w gael o gofio fod Hannah hyd yn oed yn fwy diegwyddor na fi.

Roedd Mrs Jones yn ein croesawu ar ben drws; gwraig radlon, serchog a theimlais yn well o'i gweld. Fe gymerodd at Johnnie o'r funud gyntaf. Eisteddai Tomi ar lawr yn chwarae â'i flociau, a dyma Johnnie ar unwaith yn ymuno ag ef yn y chwarae. Roedd wedi cael ei amddifadu o gwmni plant drwy'i oes.

Yn naturiol, fi oedd yn gwneud yr holl siarad. Gofynnais faint oedd hi'n godi'n wythnosol. Roedd yn cael coron yr wythnos tuag at fagu Tomi ond roedd e'n mynd adre at ei dad bob dydd Sul. Cynigiais chwe swllt iddi.

'Fyddai hynny'n hen ddigon,' meddai.

Pan gyfieithais y cyfan i Hannah roedd hi'n awyddus i dalu chweugain yr wythnos iddi, a byddai ganddi arian wedyn i brynu dillad iddo hefyd. Roedd Mrs Jones yn fwy na bodlon. Tynnodd Hannah ei phwrs mas a chyfri chwe sofren ar hugain—tâl blwyddyn! Yna aeth ati i'w cyfri yn ofalus am yr ail waith a'u rhoi yn llaw Mrs Jones.

Aeth ysgryd i lawr fy meingefn a chofiais am y deg darn arian ar hugain.

Gorau po gyntaf fyddai troi am adre, tra bod Johnnie yn chwarae'n ddiddig.

'*Adios*, Johnnie.'

'*Adios, Mamá.*'

'Ta ta, Johnnie bach.'

'Ta ta, Telen.'

Chododd e mo'i ben. Roedd Tomi a'i flociau yn rhy ddiddorol—diolch i'r nefoedd.

Roedd y daith 'nôl yn ddiflas a'r niwl yn drwch dros bob man. Roeddwn yn gallu dioddef glaw ond roedd niwl a tharth yn fy lladd wrth y fodfedd. Ac wrth gwrs, roeddwn yn isel fy ysbryd a gwelwn yn y tarth arwydd anfad; arwydd mai felly y byddai fy mywyd innau mwyach, heb obaith gweld goleuni'n treiddio trwy'r mwrllwch. Teithiem mewn distawrwydd tan inni gyrraedd adre pryd y troes Hannah ata i a dweud mewn llais tawel, prudd,

'Diolch, Ellen, rwyt ti'n ffrind da i mi, a gwn y byddi'n dal i gadw llygad ar Johnnie.'

Dyna'r tro cyntaf i mi dderbyn diolch gan Hannah, a theimlais yn well o'i dderbyn, ond roeddwn yn dal yn gyndyn i faddau iddi am gefnu ar ei phlentyn bach.

Pennod XXII

Ben bore'r Llun canlynol roedd Hannah a'i phaciau'n barod i gychwyn ar ei thaith faith i Valparaiso, wyth mil o filltiroedd i ffwrdd. Roedd hi wedi bod wrthi dros y Sul yn pacio, llond dwy gist o ddillad a phetheuach a Nhad yn gwaredu ei bod yn torri'r Sabath. Roedd Hannah yn dawel iawn, ac i'w gweld yn fwy bodlon, fel pe bai'n edrych ymlaen at fynd 'nôl at ei theulu. Ond roedd yn dal yn ddirgelwch ac yn ofid i mi sut yn wir roedd hi'n gallu cefnu ar ei mab bychan a'i adael yng ngofal dieithriaid.

Galwodd cerbyd amdani. Roedd yn dal y trên cyntaf o Henllan. Doedd hi ddim wedi sôn am ei dodrefn crand, felly dyma fentro gofyn iddi am ei chynlluniau ynglŷn â'r rheini.

'Maen nhw i ti, os wyt ti eu heisiau—i *ti*, cofia, ac nid i dy dad. Dyw e ddim yn eu haeddu.'

Roeddwn wedi cael fy mrifo o'i chlywed yn wfftio Nhad.

'Fe gei dithau weld hynny ryw ddydd hefyd, does dim yn sicrach.'

Doedd dim deall ar Hannah. Teimlwn ei bod yn ddyletswydd arna i i'w hebrwng i'r orsaf, ond doeddwn i ddim yn hiraethu ar ei hôl, dim ond teimlo rhyw ddiflastod anghyfforddus. Roedd trafferth a thrallod fel pe bai'n ei dilyn i ble bynnag yr âi a doedd hi ddim yn ferch i ennyn cariad a chyfeillgarwch. Pentyrrodd ei chariad ar William a doedd ganddi ddim yn weddill i'w rannu rhwng eraill, a Johnnie bach a ddioddefodd fwyaf o'r herwydd.

Teithiem tua'r orsaf mewn distawrwydd, a chlip-clop carnau'r ceffyl yn atsain fel gordd drwy fy mhen. Roedd y trên yn barod i gychwyn a minnau heb ddim i'w ddweud—dim heblaw y gair ffarwél.

'*Adios*, Hannah.'

'*Adios*, Ellen. Mi sgrifennaf ar ôl cyrraedd pen y daith.'

Dim ysgwyd llaw, dim cusan, dim deigryn, ond codais fy llaw i chwifio, hyd nes i'r trên ddiflannu yn y niwl. Euthum adre'n bendrist, gan deimlo fod pennod newydd ar gychwyn yn fy hanes innau hefyd, ac amser yn unig a fedrai ddadlennu'r dyfodol.

Y gorchwyl cyntaf a gyflawnais wedi cyrraedd adre oedd symud fy nillad a'm hychydig bethau o'm stafell gyfyng i i foethusrwydd stafell Hannah, lle roedd cwpwrdd dillad, gwydr mawr, gwely cyfforddus a dau fat blewog ar y llawr. Roeddwn wedi cael dyrchafiad mewn bywyd a diflannodd peth o'r iselder. Yr ail orchwyl fyddai cael gwybod gan fy nhad am ei gynlluniau ef at y dyfodol. Roedd yntau yn ei stafell lyfrau.

'Hannah wedi mynd?'

'Ydy.'

'Diolch am hynny, dyna un gofid yn llai.'

'Nhad, rhaid inni gael sgwrs gall.'

Roedd ei gefn tuag ataf, ac ni throdd i siarad â fi.

'Nhad, beth yw'ch cynlluniau at y dyfodol?'

'Beth wyt ti'n feddwl?' meddai'n dawel iawn, a'i ben mewn llyfr.

'Nhad, edrychwch arna i. Rydw i am ofyn un cwestiwn i chi, ac rydw i am i chi fod yn hollol onest â mi a rhoi ateb syth un ffordd neu'r llall.'

'Ie, be wyt ti eisiau wybod?'

'Ydych chi a Sarah yn bwriadu priodi?'

Distawrwydd llethol.

'Wel Nhad, rwy'n disgwyl ateb.'

'Fy musnes i yw hynny,' meddai, gan edrych tua'r llawr.

Gwylltiais. Camgymeriad oedd hynny, ond ces fy nghlwyfo.

'Eich busnes chi? Mae'n fusnes i minne hefyd, gwlei. Fe dynnoch fi yn groes graen o Batagonia, o'r haul a'r tywydd braf i'r niwl tragwyddol yn Dre-fach i edrych ar eich ôl chi. Ydych chi'n cofio? Edrych ar eich ôl chi yn eich henaint ac mae henaint ar eich gwarthaf erbyn hyn, credwch chi fi.'

'Does dim eisiau bod yn gas, ond un gilsip iawn fuost ti erioed gyda thafod fel aser.'

Anwybyddais ef gan nad oeddwn i ddim eisiau i'r drafodaeth ddatblygu'n waethaf di, waethaf dithau.

'Rydw i'n disgwyl am ateb. Ydych chi'n bwriadu priodi?'

'Mi fydd yn rhaid i mi gael rhywun i edrych ar f'ôl. Fyddi di'n siŵr o briodi rywbryd. Rydw i wedi sylwi ar Tom Brynawel yn dy lygadu, ac yn dy ddilyn o gwmpas fel oen swci.'

'Gadewch Tom Brynawel a'i lygaid ma's o'r drafodaeth. Roeddwn i wedi addo gofalu ar eich ôl. Ydych chi'n cofio eich geiriau yn Buenos Aires cyn ymadael? "Ellen fach, paid byth â'm gadael." Ydych chi'n cofio? A minnau'n ddigon o ffŵl i'ch credu. Unwaith eto, Nhad, ydych chi'n golygu priodi?'

'Falle,' meddai gan edrych tua'r llawr.

'Mae hwnna'n ddigon o ateb i mi. Pryd?'

Dim ateb. Ond cyn troi i fynd mas, saethais un ergyd arall,

'Druan o Sarah—menyw ifanc olygus yn aberthu'i bywyd i edrych ar ôl hen ddyn fel chi, a hwnnw'n hen ddyn digon tlawd. Fe gaiff ddigon arnoch chi chwap, gewch chi weld.'

A mas â fi, gan gau'r drws gyda chlep fyddarol.

Es i'r gegin i bendroni a cheisio cael trefn ar fy meddyliau cymysglyd. Rhaid oedd chwilio am waith, a hynny ymhell o Dre-fach, neu mynd yn ôl i Batagonia. Roedd yr ugain punt yn dal yn fy mhwrs o dan y matras. Faint gostiai, tybed, i fynd 'nôl yno?

Roedd yn tynnu at amser cinio. Doeddwn i ddim wedi codi'r lludw, na chynnau'r tân, na hyd yn oed golchi llestri brecwast. Câi fy nhad glemio. Roeddwn wedi gorffen ag e am byth. I feddwl ei fod e wedi gwneud yr un tric â mi ddwywaith mewn bywyd, a minnau wedi aberthu fy ieuenctid i ofalu amdano.

Penderfynais sgrifennu at Lamport a Holt, Lerpwl, i ofyn faint fyddai cost pàs i Buenos Aires ond bu'n rhaid i mi sgrifennu'r llythyr yn Sbaeneg, gan nad oedd fy Saesneg ddim yn ddigon da. Es mas i'w bostio, ac yn lle mynd 'nôl gartre penderfynais fynd i Berthi-teg. Roedd yn rhaid i mi gael dweud fy nghwyn wrth rywun. Doedd neb yn synnu o glywed fy stori; roedd y ddau wedi bod yn caru'n glòs ers dros flwyddyn, medden nhw. Roeddwn i wedi amau, wrth gwrs, ond yn methu credu y byddai'n priodi eto yn ei henaint, a hynny am y drydedd waith.

Arhosais ym Mherthi-teg tan yr hwyr, ac ar y ffordd adre cwrddais â Tom Brynawel. Roeddwn mor falch o'i gwmni. Gwrandawodd ar fy nghwynfan mewn distawrwydd, ac meddai ar ôl gwrando,

'Paid â bod yn rhy fyrbwyll, Ellen, a phaid â phryderu am dy dad. Mae Sarah yn fenyw gyfrifol ac fe edrychith hi ar 'i ôl e'n iawn, gei di weld.'

'Meddwl amdano yn hen ddyn, yn gwneud y fath ffŵl ohono'i hunan, ac ohono inne hefyd.'

'Paid â becso, Ellen, a phaid â digio a phwdu. Mae'r ddau i'w gweld yn hapus iawn gyda'i gilydd.'

'Rwyt ti cynddrwg â'r lleill—pawb yn cymryd ochr Nhad. Ond dwyt ti na nhw ddim yn gwybod am ei addewidion i mi a'r aberth wnes i er ei fwyn e.'

'Paid â chroeshoelio dy hunan, Ellen, hen glefyd sy'n difa yw hunandosturi.'

'Rwyt ti'n galed, Tom.'

'Nadw, Ellen, dy gysur di s'da fi mewn golwg. A chofia hyn, mi fydda i'n gefen i ti ym mhob trybini. Wnei di gofio hynna?'

'Gwnaf, Tom, a diolch am wrando. Nos da.'

A ffwrdd â fi i'r tŷ—i dŷ gwag. Roedd fy nhad wedi mynd i gael cysur gan ei gariad, ac i ddweud wrthi mor anhydrin oedd ei ferch.

*   *   *

Aeth wythnos heibio, a minnau'n dal i ddisgwyl ateb o Lerpwl. Yn y cyfamser gwelais hysbyseb yn *Baner ac Amserau Cymru*: 'Yn eisiau yn Aberdovey; merch sy'n medru gwnïo, ac i weini yn y gwesty yn yr haf.' Rhaid eu bod yn Gymry, neu pam hysbysebu mewn papur Cymraeg? Felly dyma ateb yn ddiymdroi yn cynnig fy hun fel gwniadwraig brofiadol, ac un a oedd wedi cael profiad o weini ar y byrddau mewn gwesty yn Llanwrtyd. Ddwedais i ddim mai dim ond am ychydig fisoedd oedd hynny, bedair blynedd ar ddeg yn ôl.

Aeth wythnos arall heibio, wythnos boenus, a Nhad a minnau'n llwyr anwybyddu'n gilydd. Treuliai ef ei amser naill ai gyda'i lyfrau neu gyda Sarah. Awn innau mas ar ôl brecwast i Berthi-teg neu i Manllegwaun, aros yno drwy'r dydd a gadael Nhad rhyngddo ef a'i botes.

O'r diwedd daeth ateb o Lerpwl. Fe gostiai ddeg punt ar hugain i mi fynd o Lerpwl i Buenos Aires, ac wedyn byddai'n rhaid i mi dalu am fynd o fan'ny i'r Wladfa. Dim ond ugain punt oedd 'da fi wrth gefn, a byddai'n well 'da fi farw na gofyn i Nhad am help. Ac wedi cyrraedd y Wladfa, be wnawn i? Byddai'n rhaid i mi fyw ar gardod ffrindiau. Na, roedd hynny mas o'r cwestiwn. 'Gwae i mi feddwl ymadael erioed.'

Yna daeth llythyr o Aberdyfi, er mai siomedig oedd derbyn ateb Saesneg. Roedd yn cynnig cyflog o saith a chwech yr wythnos i mi, a fy nghadw, a hefyd y Sul yn rhydd. Penderfynais dderbyn y swydd a dyma fynd ati i sgrifennu llythyr—llythyr Saesneg gyda help geiriadur:

Dear Madam,
    I will come next Sadurday and i will come with the train to Station Aberdovey. Thank you.

Fedrwn i ddim mynd ymhellach; wyddwn i ddim beth oedd 'yr eiddoch yn gywir' yn Saesneg. Felly bant â fi at Mary Jane Perthi-teg i

Mary Jane, Perthi-teg, ffrind mynwesol Ellen

gael help. Roedd hi wedi derbyn ei haddysg yn Saesneg, ac roedd hynny yn help mawr i ddod mlaen yn y byd. Fe ges wybod mai 'Yours truly' oedd 'Yr eiddoch yn gywir'.

'Ydy popeth arall yn iawn?'

'Ydy, heblaw am "i"—rhaid i ti roi "i" fawr fan'na, Capital I.'

'Pam?'

'Sai'n gwbod pam. Fel'na mae'r Saeson yn neud.'

'Wel, dyna beth yw hunanbwysigrwydd.'

'Be wyt ti'n feddwl?'

'Dim ond Sais fyddai'n meiddio galw Fi fawr arno'i hunan.'

'Dyna be sy'n reit.'

'Reit? Pwy sy'n dweud 'ny? Y Saeson? Nid y Sbaenwyr a'r Cymry—maen nhw'n ddigon diymhongar, chwarae teg iddyn nhw.'

Ond roedd Mary Jane yn dal ati.

'"I" fawr sy'n iawn.'

'Sdim ots 'da fi am gywirdeb y Saeson, all neb fy ngorfodi i alw fy hunan yn Fi fawr, oni bai ei bod yn syrthio ar ddechrau brawddeg.'

Wnes i ddim chwaith, na chynt na chwedyn.

Pedwar diwrnod oedd 'da fi i roi fy nhŷ mewn trefn; gwnïo ffedogau, pacio a ffarwelio. Wyddwn i ddim am drefniadau Nhad—pryd oedd e'n bwriadu priodi, na ble roedd e'n mynd i fyw ar ôl priodi. Roeddwn yn rhy styfnig i ofyn iddo, ac yntau'n rhy styfnig i ddweud. Felly dyma fynd ati i glirio f'eiddo personol o bob twll a chornel—lluniau'r teulu, siwg Mam-gu, y cwilt patrymog, poncho'r pennaeth, anrhegion John—popeth roeddwn yn eu trysori, a'u gosod i gyd mewn cist yn stafell Hannah. Fy stafell i oedd hi erbyn hyn, wrth gwrs. Doeddwn i ddim eisiau i Nhad a Sarah gael eu bache ar fy eiddo i.

Y noson cyn ymadael galwodd Tom.

'Pam na fyddet ti wedi gweud dy fod yn mynd bant?'

'Weles i monot ti i ddweud.'

'Ac rwyt ti'n mynd fory?'

'Ydw.'

'Rown i'n meddwl ein bod ni'n ffrindie da.'

'Rydyn ni hefyd.'

'Pam na faset ti'n gweud wrtho i dy fod ti'n mynd?'

'Mae'n ddrwg 'da fi, Tom.'

'Ga' i neud rhywbeth i helpu?'

'Cei, rwy eisie clo ar ddrws fy stafell wely. Dwi ddim eisie i neb sbrotian yn fy mhethe tra bo fi bant.'

A bant â Tom ar ei ben i chwilio am glo. Daeth 'nôl 'mhen rhyw hanner awr, a chyn pen dim roedd 'da fi glo ar y drws, ac allwedd a roddai sicrwydd i mi yn erbyn pobol fusneslyd.

'Pa amser wyt ti'n cychwyn fory?'

'Trên deuddeg o Henllan.'

'Mi fydda i yma am un ar ddeg i roi help llaw.'

Ac felly y bu ac, er syndod i mi, roedd wedi benthyca trap Ffynnon Dudur i fynd â mi a'm pacie. Gwyddwn fod Nhad yn ei stafell lyfrau, ond ddaeth e ddim i'r golwg. Wnes innau ddim hyd yn oed ddweud wrtho 'mod i'n 'madael â chartre. Roedd y briw yn dal i frifo a doedd yr un ohonom yn barod i blygu.

Roeddwn yn falch iawn o gwmni Tom, er ein bod yn ddigon dywedwst ar hyd y ffordd. Roedd gadael cartref yn gwasgu arna i, er gwaethaf y rhesymau dros fynd.

Roeddwn yn y trên, a hwnnw'n chwibanu'n barod i gychwyn.

'Ellen, beth yw dy gyfeiriad newydd di?'

'1 Cliff Side, Aberdyfi,' atebais.

'Mi sgrifenna i atat ti bob wythnos.'

A gwyddwn y gwnâi. Yn wahanol iawn i John, roedd addewid yn sanctaidd i Tom.

Pennod XXIII

Siomedig oedd Aberdyfi. Ond efallai nad ar y lle oedd y bai. Roeddwn i'n ddigon isel fy ysbryd a niwl yn drwch yn gorchuddio pob man. Roeddwn yn casáu'r niwl, ac i goroni'r cyfan doedd neb yno yn fy nghyfarfod, a doedd 'da fi ddim syniad ble roedd Cliff Side. Ond pan oeddwn ar fin holi rhywun, dyma lais yn treiddio o grombil y niwl— 'Miss Ellen Davies'—a dyma weld merch ifanc yn chwilio amdanaf. Roeddwn yn falch o'i gweld.

'Fi yw Ellen Davies.'

'Diolch byth, sut ydach chi? Jane ydw i ac rydw i'n gweithio yn Cliff Side.'

Roedd yn dal i fwrw smwc o law, y niwl yn drwch a'r bagiau'n trymhau gyda phob cam. Roedd Jane yn siarad fel pwll y môr, am y tywydd, am ei chariad, am ei theulu ym Mhennal ac am 'y ddynes' yn Cliff Side, ac erbyn cyrraedd y lle hwnnw roedd hi wedi datgelu'i pherfedd. Ar ôl traethu'n huawdl am ei hunan dyma hi'n gofyn,

'O ble rydach chi'n dŵad?'

'O Batagonia.'

'Patagonia! Ble'n y byd mawr mae hwnnw?'

'Dros y môr, saith mil o filltiroedd o 'ma; lle mae'r haul yn gwenu a'r awyr yn las ddydd ar ôl dydd.'

'Rydach chi'n wirion iawn i ddod yma i'r glaw a'r gwynt.'

'Yn wirion iawn, ond mae'n rhy hwyr i ddad-wneud y cam-gymeriad erbyn hyn.'

Welais i mo'r 'ddynes' (fel y galwai Jane hi) y noson honno. Wedi'r siwrnai roeddwn yn falch o gael gwely. Yn wir, roedd 'da fi wely i mi fy hun ond rhaid oedd rhannu stafell â Jane—stafell fechan, digon llwm ar ben ucha'r tŷ.

Codi am chwech drannoeth, cyfarfod Mrs Morris, a chael siom o ddeall mai Saesnes oedd hi. Rwy'n siŵr iddi hithau gael siom hefyd o ddeall mai estron oeddwn innau, a heb allu i siarad fawr o Saesneg. Gofynnais i Jane pam oedd hi'n hysbysebu mewn papur Cymraeg, a hithau'n Saesnes.

'O, Cymro go-iawn ydy Mr Morris, ac mae o'n credu bod y Cymry yn onestach na'r Saeson.'

'Go dda, Mr Morris.'

Rhoddwyd gwaith gwnïo i mi ar unwaith, gwaith digon anniddorol ac undonog; clytio cynfasau a chwiltiau, c'wiro sanau a dillad isa'r gŵr a'r wraig. Ond gwaith yw gwaith a doedd dim pwrpas cwyno.

Roedd hiraeth arnaf—hiraeth creulon oedd yn lladd fy ysbryd ac yn fy ngwneud yn ddiegni. Roedd arnaf hiraeth am ryddid Patagonia a'r Paith, hiraeth ar ôl William, hiraeth ar ôl Johnnie bach, ond yn waeth hyd yn oed na'r hiraeth, cydwybod euog am fy mod wedi cefnu â chartref mor swta, a heb ffarwelio â Nhad. Penderfynais sgrifennu nodyn byr ato, nid i ymddiheuro—nid fi ddylai ymddiheuro beth bynnag—ond iddo gael gwybod fy nghyfeiriad, ac i ddweud wrtho mor hapus oeddwn yn y lle newydd, gan obeithio na welai drwy'r celwydd.

Aeth bywyd yn ei flaen er gwaetha'r hiraeth: codi, gwaith, gwely a fawr ddim yn digwydd i dorri ar yr undonedd.

Roedd Jane yn groten fach digon annwyl. Deunaw oed oedd hi, ac mewn cariad gorff ac enaid â gwas ffarm o'r enw Ifan, a'i gofid parhaus oedd bod merch o'r enw Meri Lisi â'i bryd arno hefyd. Roedd hynny'n achosi gofid iddi, a bob nos wedi mynd i'r gwely byddai'n siarad yn ddi-baid am ei phryder, yn cymharu ei hun â'r feinwen honno a sôn am ei rhagoriaethau, ac yn pwysleisio gymaint gwell oedd hi na Meri Lisi. Âi ymlaen ac ymlaen yn ddiddiwedd, yn debyg iawn i'r 'dicw, dicw', creadur bach diniwed a drigai yn y Paith, a fyddai wrthi'n clecian drwy'r nos.

Yr unig ffordd oedd cuddio fy mhen dan y dillad gwely a'i hanwybyddu. Ond mewn gwirionedd byddwn yn unig iawn oni bai am Jane.

Doedd y tymor ymwelwyr ddim wedi dechrau eto, a doeddwn i ddim yn edrych 'mlaen i weini ar y byrddau, a gorfod defnyddio fy Saesneg bratiog i siarad â Saeson ffroenuchel.

Derbyniais fwndel o lythyrau wedi eu hailgyfeirio. Roedd yn amlwg mai Nhad oedd wedi eu danfon—adnabûm ei lawysgrifen—ond ddaeth yr un gair oddi wrtho ef. Daeth pwt o nodyn oddi wrth Hannah i ddweud ei bod wedi cyrraedd yn saff, ond dyna i gyd. Ac eithrio un llythyr, o Batagonia oedd y lleill i gyd—llythyrau gan ffrindiau yn cydymdeimlo. Er i fisoedd fynd er marwolaeth William, araf iawn y cyrhaeddodd y newyddion Batagonia. Llythyr oddi wrth John oedd y llall wedi ei gyfeirio i 'Aberdyfi' (nid 'Aberdovey')—llythyr o gydymdeimlad oedd hwnnw hefyd—mae'n rhaid ei fod wedi cael fy nghyfeiriad o'r Wladfa. Ac meddai wrth ddiweddu, 'Os bydd angen help arnat, paid â bod ofn gofyn.' Geiriau gwag. Pa help a fedrai ef roi i mi? Roedd yng Nghymru ers dros flwyddyn ac ni thrafferthodd hyd nawr i gysylltu â mi.

Sgrifennai Tom lythyr hir ac anniddorol atof yn wythnosol yn rhoi hanes y ffatri a'r capel—maes llafur yr Ysgol Sul, testun y bregeth a hyd yn oed y tri phen! Ond roeddwn yn falch o'i dderbyn, serch hynny.

Roedd Tom hefyd yn sillafu 'Aberdovey' mewn ffordd wahanol.

'Jane, sut mae sillafu "Aberdovey"?'

'A-b-e-r-d-o-v-e-y, fel'na mae'r Saeson yn ei sillafu, a'r rhan fwyaf o Gymry hefyd, ond A-b-e-r-d-y-f-i yw'r ffordd iawn, y ffordd Gymraeg.'

A minnau wedi bod yn dilyn y Saeson yn wasaidd, a'u sillafu anghywir. Byth eto!

Yna daeth y llythyr tyngedfennol, llythyr oddi wrth Nhad:

Annwyl Ellen,
    Mae Sarah a fi yn bwriadu priodi dydd Sadwrn nesaf. Roedd yn rhaid i fi gael rhywun i ofalu amdanaf.
Yr eiddot yn gywir
Dy dad.

Roeddwn yn disgwyl clywed oddi wrtho, ond pan gyrhaeddodd y newydd, teimlais fy stumog yn corddi. 'Roedd yn rhaid i fi gael rhywun i ofalu amdanaf': ond roeddwn i'n gofalu amdano, ac wedi dod i Gymru yn groes i f'ewyllys i wneud hynny. Fe orfododd fi i adael cartre. Gallwn ddychmygu pobol Dre-fach yn clebran.

'Druan o John Davies, be wnâi e ond priodi, a'i unig ferch wedi'i adael yn ei henaint ar ei ben ei hun?'

Rhyw hen feddyliau felly oedd yn gwenwyno f'ysbryd. Anwybyddais y llythyr. Rhagrith fyddai dymuno'n dda iddo. Ond byddwn wedi hoffi gwybod ble roedden nhw'n mynd i gartrefu, hefyd—Camwy neu ei chartref hi? Roeddwn yn falch fy mod wedi cloi f'eiddo yn y stafell wely.

A chododd hiraeth sydyn arna i am Dre-fach—roeddwn mor bell oddi wrth fy nghydnabod a doedd yma neb i redeg ato i arllwys fy ngofidiau, tra oedd Mary Jane a merched Manllegwaun wrth law o hyd i wrando ar fy nghwynion. Byddai'n rhaid i mi droi am Dre-fach cyn yr haf i geisio cael gwell trefen ar fy mywyd. Efallai y cawn lojin yng Nghastellnewydd a gwaith mewn siop ddillad yno.

Sgrifennais at Mary Jane, yn fwyaf arbennig i holi hynt fy nhad a ble roedden nhw'n cartrefu. O wneud, cefais frathiad gan fy nghydwybod—doeddwn i ddim yn hoffi'r syniad o fynd yn slei y tu ôl i'w gefen i holi ei hanes. Ond arno fe roedd y bai. Llynedd ar ei hyd, trwy'n gofid a'n galar ni i gyd fel teulu, mynnodd ef fynd ei ffordd ei hunan ac ymddwyn yn hollol hunanol a dan-din.

Doeddwn i ddim yn hapus yn Aberdyfi chwaith. Euthum i'r capel un dydd Sul. Cafodd 'y ferch ddieithr' groeso cyhoeddus gan y gweinidog, ac wrth ddod mas dyma hanner dwsin o fenywod yn dod ata i, a holi fy mherfedd i. Roedden nhw mor fusneslyd a chwilfrydig â menywod Dre-fach. Daeth y sgwrs rhyngof i a Nhad yn ôl i'm cof:

'Paid â bod mor groendenau—eisie dod i dy nabod di mae pobol. Ceisio bod yn gyfeillgar y maen nhw.'

'Ond doedd neb yn fy holi fel'na yn y Wladfa.'

'Nag o'n, wrth reswm, ond roedd pawb yn dy nabod fan'ny, ac yn gwbod dy hanes o'r dechrau.'

Roedd rhyw gymaint o synnwyr yn ei ymresymu, sbo.

Wrth rodio ar y traeth yn y gwynt a'r glaw yn Aberdyfi sylweddolais o'r newydd ogoniant perthyn—perthyn i deulu, perthyn i gymdeithas, perthyn i wlad. Trois fy nghefn ar y berthynas gysegredig honno pan ymfudais o'r Wladfa Gymreig. Erbyn hyn, dieithryn oeddwn mewn gwlad estron, ac yn methu addasu fy hun i drefn gwlad arall. Roeddwn yn ddideulu hefyd. Doedd neb ar ôl yng Nghymru bellach ond Johnnie, a chyn bo hir byddai hwnnw hefyd yn siŵr o ddilyn ei fam i Chile. Fe gefnodd fy nhad arnaf, a thorri'r cwlwm teuluol a thorri ein cartref yn y fargen. Fedrwn i byth ddibynnu arno fe mwyach. Hen feddyliau croes felly oedd yn cyniwair drwy fy meddwl ac yn lladd f'ysbryd. Ceisiais eu gwrthsefyll a llwyddais hefyd i raddau wrth gofio fod gennyf ffrindiau yn y wlad yma hefyd—Mary Jane, merched Manllegwaun a Tom Brynawel—ac na fyddwn byth yn ddigartref tra eu bod nhw'n gyfeillion i mi. Gwnes benderfyniad yn y fan a'r lle, gyda'r gwynt yn chwythu a'r môr yn cynddeiriogi, yr awn 'nôl i Dre-fach cyn gynted ag y byddai modd, a theimlais yn well.

Erbyn hyn roeddwn yn dechrau mwynhau fy ngwaith gwnïo. Sylweddolodd Mrs Morris fy mod yn gallu gwnïo yn broffesiynol, ac o hynny 'mlaen bûm yn cynllunio a gwnïo pob math o ddillad iddi— dillad ffasiynol yn llawn pletiau a phlygiadau cywrain. Roeddwn yn gweithio chwe diwrnod yr wythnos, o wyth o'r gloch tan chwech bob dydd, a'r cyfan am saith a chwech yr wythnos.

Sgrifennais at Mary Jane yn ddi-oed i ddweud fy mod wedi cael hen ddigon ar fy swydd bresennol, gweithio oriau hirion am gyflog pitw, a gofyn iddi a gawn i aros ym Mherthi-teg hyd nes y cawn le i mi fy hun yng Nghastellnewydd, os yn bosibl. Wyddwn i ddim beth oedd y sefyllfa yng Nghamwy, ond roeddwn yn berffaith sicr nad awn i byth 'nôl yno i fyw a rhannu tŷ â Nhad a'i wraig.

Daeth llythyr 'nôl gyda throad y post, llythyr o gysur a chroeso gan addo y byddai rhywun yn fy nghyfarfod yn Henllan y Sadwrn canlynol.

Teimlais yn sioncach. Rhaid oedd dweud wrth Mrs Morris, a synnais ei chlywed yn fy nghanmol. Hawdd y gallai am saith a chwech yr wythnos! Erfyniodd arnaf i aros tan yr haf, a chynigiodd godiad sylweddol yn fy nghyflog. Ond roeddwn wedi dod i benderfyniad di-droi'n-ôl, a fedrai neb fy narbwyllo i newid fy meddwl. Ond chwarae teg iddi, cefais dyst-lythyr ardderchog ganddi.

Syndod oedd gweld Jane yn ei dagrau pan ddwedais wrthi. Roedd hi wedi meddwl yn siŵr y byddwn yn gwneud ei ffrog briodas, ac yn fwy na hynny y byddwn yn cael y fraint o fod yn forwyn briodas iddi. Hynny oedd achos ei dagrau mwy na thebyg, ac nid hiraeth ar f'ôl i.

*   *   *

Cyrhaeddais Henllan yn flinedig yn y tywyllwch, a chaddug yn cuddio'r dyffryn, a phwy oedd yno yn fy nghyfarfod yn ei gerbyd benthyg ond Tom. Roeddwn mor falch o'i weld, a theimlwn mor ffodus oeddwn o gyfeillgarwch bachgen mor annwyl a didwyll â Tom.

Pennod XXIV

Roedd y croeso ym Mherthi-teg yn onest a chynnes, a theimlais am y tro cyntaf oddi ar i mi gael fy hunan yng Nghymru, fod gennyf gyfeillion y medrwn ymddiried ynddynt. A mwy na hynny eu bod yn barod i'm derbyn i'w cymdeithas glòs fel ag yr oeddwn, heb holi na threiddio i mewn i hanes fy ngorffennol. Nid bod 'da fi unrhyw beth i'w guddio.

Roedd Nhad a Sarah wedi priodi'n ddistaw iawn yng nghapel y Bedyddwyr, a'r si oedd y byddent yn symud o Gamwy i'w chartref hi. Dyna pryd y sylweddolais y byddai'n rhaid i mi symud fy nodrefn o'r stafell wely gloëdig cyn gynted â phosibl. Ond i ble?

Roedd Tom wedi aros i swper, ac meddai'n eitha ddidaro,

'Rwy'n credu 'mod i'n gwybod am le eitha pwrpasol.'

'Roeddwn i wedi meddwl chwilio am dŷ lojin yng Nghastell-newydd, a chael gwaith yno.'

'Nid lojin o'n i'n feddwl,' medde Tom, 'ond rhan o dŷ yn Dre-fach.'

'Ie,' medde Mary Jane, 'be wnei di yng Nghastellnewy'—'ma mae dy ffrindie di.'

'Wel . . .' Roeddwn i'n dechrau simsanu, ac mi ges i syniad bach fod Tom a Mary Jane yn deall ei gilydd a'u bod wedi trefnu pethau 'mlaen llaw.

'Beth amdani, Ellen?'

'Ble mae'r tŷ?'

'Ar gyrion y pentre. Llys-deri. Wyt ti'n gwbod amdano?'

Gwyddwn yn iawn. Tŷ mawr, urddasol. Fedrwn i ddim coelio fy nghlustiau.

'Wel?'

'Ond beth am ddodrefn Hannah? Rydw i am gadw'r rheini.'

'Popeth yn iawn, fe alli di gael un stafell wag, a defnydd o'r gegin. Wel?'

'Beth am y rhent?'

'Triswllt yr wythnos. Ond paid â becso am hynny. Fe alla i roi benthyg iti, hyd nes y cei di waith,' medde Tom.

'Na, os na alla i dalu amdano fy hunan, chymera i mo'no. Dwi ddim wedi arfer byw ar gardod, a dwi ddim yn mynd i ddechrau nawr.'

Distawrwydd—a phawb yn bwyta'n dawel.

Ar ôl swper cododd Tom i fynd. Diolchodd am ei swper, a dwedodd yn groyw,

'Bydd yn rhaid iti roi gwbod un ffordd neu'r llall ynglŷn â'r tŷ erbyn nos Lun.'

'Dwed wrthyn nhw y bydda i'n falch o'i gael,' meddwn gan dynnu'r gwynt o'i hwyliau.

Aeth mas o'r tŷ ar ffrwst yn wên i gyd cyn imi gael cyfle i ddiolch iddo. Ac medde Eben Evans yn ddoeth ac yn dadol,

'Wyt ti 'da ffrindie nawr, Ellen, a phaid â bod yn rhy falch i dderbyn caredigrwydd 'da nhw. Cofia di hynna.'

Mi es i'r gwely y noson honno, yn hapusach nag a wnes i oddi ar i mi ymadael â Phatagonia, ddwy flynedd yn ôl.

Arhosais ym Mherthi-teg am wythnos. Roedd Mary Jane wedi dod o hyd i ddigon o waith gwnïo i 'nghadw i'n brysur. Roedd 'da fi ddigon o arian i dalu 'mlaen llaw am y tŷ am ddeufis, a chadw fy hun, gan obeithio y cawn waith i'm cynnal ar ôl hynny. Doeddwn i ddim eisiau gwario fy ugain punt. Doedd y dydd blin hwnnw ddim wedi cyrraedd eto.

Mi es i weld Johnnie bach un prynhawn a'i gael yn hapus ac yn fodlon iawn ei fyd. Tomi ac yntau fel dau frawd, a Mrs Jones yn eu hanwylo'n famol. Roedd Johnnie yn falch iawn o weld Telen, ond yn falchach o'r da-da roeddwn wedi'u prynu iddo. Ofynnodd e ddim am ei dad-cu, a soniodd e 'run gair am *Mamá* chwaith. Roedd Mrs Jones wedi cymryd lle honno.

Es 'nôl i Berthi-teg yn ysgafn fy nghalon; mor wahanol i'r diwrnod niwlog hwnnw pan ffarweliais ag e. Roedd yr haul yn tywynnu'r tro hwn, a'r awyr yn ddigwmwl.

Y dasg nesaf oedd cael f'eiddo o Gamwy. Doeddwn i ddim am fynd ar gyfyl y lle, a doedd dim rhaid chwaith oherwydd fe ddaeth Tom i'r adwy eto. Cafodd fenthyg cart a cheffyl, a chyda help ei frodyr cliriwyd y cyfan. Pan symudais i Lys-deri roedd popeth yn ei le—y stafell mor llawn ag wy, a'r ddau fat blewog ar y llawr.

Aeth misoedd heibio yn ddigon didramgwydd, a chefais dipyn o waith, digon i gadw'r blaidd o'r drws fel nad oedd angen mynd ar ofyn neb.

Er bod Nhad yn byw yn yr un pentre â mi welais i ddim cip ohono. Oddi ar iddo briodi, doedd e ddim yn mynd i'r capel chwaith, ddim i Clos-y-graig 'ta beth. Efallai ei fod yn mynd 'da'i wraig at y Baptus?

Roedd Tom Brynawel wrth fy nghwt ym mhobman ond doeddwn i ddim yn gwrthwynebu hynny o gwbwl. Roeddwn yn ddigon hoff o'r bachgen. Un dydd Sul, ar ddiwedd yr Ysgol Sul, gwthiodd lythyr i'm llaw. Darllenais ef ar ôl mynd adref—llythyr hir yn rhoi hanes ei fywyd o'r dechrau, ynghyd â hanes ei deulu. Roedd yn un o wyth o blant, ac wedi eu magu mewn tyddyn o'r enw Pantyrodyn. Doedd gen i ddim diddordeb yn ei deulu—pam y traethu hir? Ond o'r diwedd fe ddaeth at y pwynt: 'Briodi di fi, Ellen? Cei wythnos i feddwl drosto, ond y Sul nesaf byddaf yn disgwyl ateb. Bydd un gair yn ddigon a "gwnaf" fydd hwnnw gobeithio. Dy eiddot yn gyfan, Tom.'

Cefais ysgytwad. Wyddwn i ddim ei fod â'i fryd ar briodi. Yn sicr, doeddwn i ddim wedi rhag-weld hyn o gwbwl. Ffrindiau da, dyna i gyd. Oeddwn i'n barod i briodi? Oeddwn i'n medru anghofio John, yr unig gariad a fu gen i erioed? Roeddwn wedi credu ei fod mewn cariad â rhywun arall unwaith; efallai ei fod, ond roedd yn dal yn ddi-briod. Ond pe bai John yn awyddus i briodi, mi fyddai wedi gofyn i mi cyn hyn.

Roeddwn yn ddideulu ac yn ddigartref. Doedd un stafell yn Llys-deri ddim yn gartre, a doeddwn i ddim yn gweld fy nhad a minnau'n cymodi byth.

Chysgais i ddim am nosweithiau. Fedrwn i ddim gofyn barn neb. Fi a fi'n unig oedd i benderfynu fy nhynged. Roeddwn yn hoff iawn o Tom, a gwyddwn y gwnâi ŵr da, ac na chawn i byth gam ganddo. Roedd yn fore Sul yn barod, ac roedd yn rhaid i Tom gael ateb un ffordd neu'r llall. Roedd yn haeddu hynny. Felly, heb wamalu rhagor, dyma fi'n cydio mewn darn o bapur a sgrifennu arno'n frysiog, cyn i mi newid fy meddwl, un gair, mewn llythrennau breision, 'GWNAF'. A dyna fi wedi selio fy nhynged am byth.

Rhoddais y llythyr i Mari ei chwaer ar y ffordd i'r capel, a'i siarsio i'w roi i Tom yn syth ar ôl y cwrdd, gan obeithio y deuai i'm gweld ar unwaith wedi iddo dderbyn y llythyr.

Es 'nôl i Lys-deri ar unwaith, ond er disgwyl a disgwyl, ddaeth e ddim. Dychmygwn ei fod wedi edifarhau gofyn i mi. Ond am chwarter i ddau, a minnau'n barod i fynd i'r Ysgol Sul, daeth cnoc ar y drws. A chyn i mi gael amser i ddweud 'dere mewn' roeddwn yn ei freichiau. Roedd dau o'r ffyddloniaid yn absennol o'r Ysgol Sul y prynhawn hwnnw.

*   *   *

Roedd Tom yn llawn cynlluniau; priodi ar unwaith a symud o Dre-fach i'r gweithie. Roedd ei gefnder, Rhys, wedi addo cael gwaith iddo yno a thŷ. Ond roeddwn i eisiau amser i baratoi, cynllunio a gwnïo dillad priodas, a pharatoi fy hun yn gyffredinol at y stad briodasol.

Mary Jane oedd fy mhen-synnwyr a'm ffrind ffyddlon yn ystod yr amser yma. Un diwrnod dyma'i thad, Eben Evans, yn awgrymu'n gynnil y dylwn ofyn i Nhad ddod i'r briodas.

'Pam ddylwn i?'

'Yn un peth am ei fod yn dad i ti, a pheth arall am fod casineb a malais yn magu crach, ac am fod maddeuant yn eli i'w gwella.'

'Falle y gwnaf sgrifennu ato.'

'Dyw hynny ddim yn ddigon da. Cer i ofyn iddo. Fe ddaw Mary Jane 'da ti'n gwmni.'

Un doeth a chyndyn oedd Eben Evans, ac o'r diwedd cefais fy mherswadio, a dyma Mary Jane a minnau'n cychwyn yn ddigon anghysurus i'r ornest, a hithau Mary Jane yn fy nghysuro bob cam o'r ffordd i lawr at waelod y pentref.

'Awn ni ddim mewn i'r tŷ,' meddai, 'a'r gwaetha a all ddigwydd inni fydd i Sarah gau'r drws yn ein hwynebau. Dere 'mla'n, paid â becso.'

Cyrraedd, a churo, ddwy waith. Dyma Sarah i'r drws.

'Wy' eisie gweld fy nhad. Ydy e mewn?'

'Ddewch chi i'r tŷ?'

Chwarae teg iddi am ofyn.

'Na, dim diolch.'

'John, ma rhywun yma sy am eich gweld.'

'Rhywun' oeddwn i iddi ac nid ei ferch, ac ymhen rhyw bum munud, a oedd yn fwy tebyg i bum awr, fe ddaeth Nhad i'r golwg, yn edrych yn hen ac yn fusgrell.

'Helô, Ellen.'

'Helô, Nhad.'

Distawrwydd.

'Rwy'n priodi ym Methel, Castellnewydd, ar Awst 15fed am ddeg o'r gloch, ac mae croeso i chi ddod i'r briodas.'

'Diolch, Ellen, byddaf yno, os yn bosib.'

'Nos da.'

'Nos da.'

Dyna i gyd, a bant â ni, yn teimlo dipyn yn sioncach.

'Sylwest ti ar Sarah?' medde Mary Jane.

'Naddo fi.'

'Sylwest ti ddim?'

'Naddo, pam?'

'Mae'n disgwyl babi. Roedd yn hollol amlwg.'

'Amhosib.'

'Dim o gwbwl, dyw dy dad ddim mor hen ag o't ti'n feddwl.'

Roedd yn sioc, a phan ddwedais wrth Tom, meddai'n athronyddol, 'Dyna be sydd i'w ddisgwyl ar ôl priodi.'

Drannoeth cefais sioc arall. Derbyniais lythyr oddi wrth John:

Gyfeilles hoff,

Clywais drwy ddirgel ffyrdd, dy fod yn arfaethu ymuno â'r ystad briodasol cyn bo hir. Er mwyn yr hen amser a fuaset yn barod i wneuthur un cymwynas â mi? Hoffwn gael y fraint o weinyddu yn dy briodas. Byddai hynny yn profi dy fod wedi maddau i mi am bob camwedd, ac hefyd yn profi i'r byd ein bod yn dal yn gyfeillion cywir.

Ti wyddost fy mod yn meddwl yn uchel ohonot ti, ac yr ydwyf o waelod calon yn dymuno'n dda i ti a'th ddarpar ŵr.

Paid â gwrthod fy nghais. Byddai hynny yn sarhad.

Yr eiddot yn gywir

dy was a chyfaill dy ieuenctid

John (Gweinidog Jerusalem)

*　　　*　　　*

'John, gweinidog Jerusalem', dyna deitl aruchel. Roeddwn wedi sylweddoli 'slawer dydd fod John yn hoffi chwythu'i gorn ei hun. Ond wyddwn i ddim beth i'w ddweud. Fy adwaith cyntaf oedd taflu'r llythyr i'r tân, ond penderfynais mai'r peth gonest fyddai'i ddangos i Tom. Wyddai ef ddim oll am John; wnaeth ef erioed fy holi am y gorffennol. Ond roeddwn yn benderfynol o un peth, châi John ddim gwasanaethu yn ein priodas. Fedrwn i ddim dioddef ei weld yn sefyll o flaen yr allor ac o'm blaen i. Byddai fy meddwl yn sicr o grwydro 'nôl i'r Paith a'r hen amser gynt ar yr union adeg pan ddylwn ganolbwyntio ar f'addewidion i Tom.

Dangosais y llythyr i Tom, a dwedais wrtho dipyn o'r hanes, gan ddweud yn bendant na châi ein priodi ar unrhyw gyfrif.

'Paid â becso'—dyna oedd arwyddair Tom—'rydw i wedi gofyn yn barod i Ifan Phillips ein priodi; caiff John fod yn was priodas. Doeddwn i ddim yn siŵr i ba un o'm brodyr y gofynnwn, ac mae hyn yn setlo'r broblem.'

'Wyt ti'n siŵr, Tom? Dwyt ti ddim wedi'i weld erioed.'

'Paid â becso, mi sgrifenna i at y boi i ofyn iddo. Fydd dim eisie i ti drafferthu ateb ei lythyr.'

Roedd doethineb Tom yn fy syfrdanu. Roedd e'n curo Solomon yn rhacs.

Pennod XXV

'Dim ond heddi tan yfory,
Dim ond fory tan y ffair.'

Roeddwn bron yn barod i'r diwrnod mawr; fy nillad priodas wedi'u gorffen a'u smwddio; dillad glas tywyll, dillad y medrwn eu gwisgo wedyn i Gymanfa Ganu a Chyrddau Pregethu. Mary Jane oedd fy morwyn briodas, ac iddi hi fe gynlluniais ffrog lwyd â botymau coch gyda choler glas. Roeddwn yn awyddus i Johnnie bach fod yno, a gwnïais siwt felfed las iddo, a chrys gwyn. Heblaw Nhad efe oedd yr unig berthynas agos a feddwn yr ochr hyn i'r moroedd. Ond yn anffodus, pan aeth Tom a fi lan â'r dillad iddo y nos Fercher cynt, roedd Johnnie yn smotiau drosto i gyd—roedd ef a Tomi yng nghanol brech yr ieir.

Hoffai'r dillad, ond doedd dim syniad ganddo am briodas.

'Fydd plant yn chwarae yno? Fydd 'na geffyle? Gaiff Tomi ddod? Fydd rhaid i mi eistedd yn llonydd?'

'Ond, Johnnie, alli di ddim dod i'r briodas, wyt ti'n dost.'

'O.'

A dyna i gyd. Roeddwn i'n siomedig iawn, ond doedd Johnnie yn hidio dim, dim mymryn.

Roeddwn wedi coleddu'r syniad o gymryd Johnnie atom i fyw, wedi i ni briodi, ac roedd Tom yn berffaith fodlon. Ond wrth ei weld gyda Tomi, mor hapus a bodlon, a Mrs Jones mor annwyl ato, sylweddolais mai camgymeriad fyddai'i lusgo i Sir Forgannwg, i'r llwch a'r stŵr o ganol gwlad hyfryd Sir Aberteifi.

Cydiais ynddo a'i gusanu, ond yn amlwg ddigon, roedd Mrs Jones wedi ennill ei serch a doedd Telen yn golygu fawr ddim iddo bellach. Fe ddylwn fod yn ddiolchgar, ond fe gefais bigiad bach o genfigen o sylweddoli mai 'Anti Jones' oedd flaenaf yn ei serchiadau erbyn hyn. Aeth Tom a finne adre'n hapus, a doedd dim niwl y noson honno chwaith.

Derbyniodd Tom lythyr oddi wrth John yn datgan ei siom na chawsai weinyddu yn ein priodas, ond y byddai'n barod i weithredu fel gwas priodas 'er mwyn Ellen'. Chwerthin oedd ymateb Tom gan ddweud, 'Paid â becso, mi fydd popeth yn iawn.'

Roedd y trefniadau terfynol wedi'u cwpla ynglŷn â'r symud i'r gweithie. Roedd cefnder Tom wedi cael tŷ ar rent i ni ym Mlaenclydach, a gwaith i Tom yn y pwll glo. Byddem yn symud ymhen yr wythnos, a threfnwyd i gludo fy nodrefn o Lys-deri i'r Sowth—y cyfan oll, gan gynnwys y ddau fat blewog.

*   *   *

Gwawriodd Awst 15fed yn ddiwrnod llwyd a diflas, a'r glaw'n pistyllio i lawr. Roeddwn wedi gweddïo am ddiwrnod braf ond wnaeth neb wrando.

Noson cyn y briodas symudais i Berthi-teg. Fe fynnodd y teulu annwyl hwnnw 'mod i'n 'codi mas' o'u tŷ nhw gan nad oedd Llys-deri yn gartref go-iawn i mi. Roedd y gwasanaeth am ddeg yng Nghapel Bethel, Castellnewydd Emlyn.

Am naw galwodd y cerbyd amdanom, cerbyd caeedig am ei bod yn bwrw glaw. Ynddo roedd Tom a'i ddwy chwaer, Ann a Marged (roedd y ddwy chwaer arall wedi aros gartref i baratoi swper i'r parti priodasol), ac ymunodd Mary Jane a minnau â nhw. Roedd brodyr Tom a rhai o'i ffrindiau yn teithio gyda'r trên o Henllan i Gastellnewydd.

Tawedog oedd Tom a minnau ond roedd y merched yn parablu fel gwyddau, yn chwerthin ac yn smalio yr holl ffordd i'r capel, lle roedd twr o bobl yn ein disgwyl. Ym mysg y dorf roedd John. Daeth ataf yn

Tom ac Ellen ar ddydd eu priodas

serchog ac fe'i cyflwynais i Tom. Doedden nhw erioed wedi cyfarfod â'i gilydd o'r blaen.

Daeth y gweinidog, y Parchedig Evan Phillips, i'n cyfarfod i'r drws i'n croesawu. Dilynodd Mary Jane a minnau ef i'r sêt fawr, ac fe'n dilynwyd ni gan Tom a John. Wrth gerdded ymlaen cefais gip ar Nhad yn eistedd yn y sedd flaen, a lledodd cynhesrwydd drwof. Roedd rhywun a oedd yn perthyn i mi yn fy mhriodas wedi'r cyfan. Er gwaetha pob anghydfod roeddwn yn falch o'i weld.

Hanes priodas Tom ac Ellen yn y *Carmarthen Journal*, Awst 1903

Aeth y seremoni ymlaen yn ddigon hwylus, a phan ddaethom ma's o'r capel roedd yr haul yn gwenu arnom. Daeth Nhad ataf yn wylaidd gan edrych tua'r llawr. Yna gafaelodd yn fy llaw gan ddweud, 'Bendith Duw fo arnat ti, 'merch i.'

Aethom i gyd—pawb ond Nhad—i wledda i westy Miss Morris, drws nesa i'r capel, a phob un mewn hwyliau arbennig o dda.

Yr unig nam ar y diwrnod i mi oedd John. Roedd fel pe bai'n dod rhyngof a Tom drwy'r adeg. Roedd y gorffennol yn mynnu gwthio ei hun wyneb yn wyneb â'r presennol, a fedr neb ddileu cof. Fel gwas priodas disgwylid i John areithio, ond gwrthododd, diolch am hynny. Yn lle traddodi araith darllenodd benillion o'i waith ei hun:

Mae Thomas heddiw'n hapus
Ac Ellen sydd yn llon,
Am gael yr un a hoffai
Dan sêl y fodrwy gron.
Hyd angau yw'r ymrwymiad
Trwy bob rhyw groesau blin,
I ymladd brwydrau bywyd
Gwell ydyw dau nag un.

Mae rhan ymhob priodas,
'Nôl barn rhai dynion call,
Ac eto, rhyddid ewyllys
Ddewisa naill y llall;
Er crwydro draw dros foroedd
Ymhell i arall wlad
Rhaid oedd i Nel ddychwelyd—
Cael gŵr i Gymru fad.

Eu bywyd fyddo'n hapus
Digwmwl fyddo'r nen
A haul eu llwydd yn ddisglair
Mewn awyr las ddi-len,
A phan fydd raid noswylio
A thorri'r undeb glân,
O! bydded gennych undeb
Rydd hawl i wlad y gân.

Book No.

Certificate of Marriage.

Marriage solemnized at Bethel Chapel Newcastle Emlyn, in the District of NEWCASTLE-IN-EMLYN,

in the Counties of CARDIGAN, CARMARTHEN, and PEMBROKE.

1873

No.	When Married.	Name and Surname.	Age.	Condition.	Rank or Profession.	Residence at the time of Marriage.	Father's Name and Surname.	Rank or Profession of Father.
109	Fifteenth August 1903	Thomas Jones	32 Years	Bachelor	Mart Mercer	Pengawel Llangeler	William Jones	Mercer
		Ellen Davies	32 Years	Spinster	—	Gwydir Rnology	John Davies	Bookseller

Married in the Bethel Chapel according to the Rites and Ceremonies of the Calvinistic Methodists by Licence by me,

Everard Lloyd Minister

| This Marriage was solemnized between us, | Thomas Jones Ellen Davies | } in the Presence of us, | { John Lewis Ann Jones |

Efelau Cefndy Registrar

I Certify that the above is a true Copy of an Entry in the Register Book of Marriages in the District of NEWCASTLE-IN-EMLYN, in the Counties of CARDIGAN, CARMARTHEN, and PEMBROKE: AND I FURTHER CERTIFY that the said Register Book is now lawfully in my custody.

Witness my hand, this 15th day of August 1903

REGISTRAR.

Tystysgrif Priodas Tom ac Ellen

Er i bawb guro'u cymeradwyaeth, roeddwn i'n credu mai penillion digon ystrydebol a diddychymyg oedden nhw. Roedd Tom, fodd bynnag wrth ei fodd. Bachgen diddichell yw Tom.

Erbyn hyn roedd yr haul yn tywynnu o ddifri, a dyma benderfynu mynd am daith i Aberteifi. Huriwyd cerbydau, a bant â ni yn dwr hapus. Gofalodd Tom nad oedd neb ond ni'n dau yn teithio yn un o'r cerbydau ac roeddwn i'n wir ddiolchgar iddo am hynny. Ofnwn y byddai John yn gwthio ei hunan arnom. Wedi'r cwbl, roedd pawb arall yn ddieithr iddo.

Cyrraedd Aberteifi yn yr heulwen a chael te i gyd gyda'n gilydd mewn siop yn y Stryd Fawr. Yna daeth yn amser i John ddal ei drên i Bontypridd. A dyma ni eto yn fyddin swnllyd yn cerdded i'r orsaf i ffarwelio ag ef. Ni chafodd John fawr o gyfle i siarad â mi drwy'r dydd, ond cyn i'r trên gychwyn, dyma fe'n dod ata i a gafael yn fy llaw, a'i dal braidd yn rhy hir.

'Bendith arnat ti, Nel, anghofia i byth mo'no ti.'

'Fe wnest anghofio fwy nag unwaith, John.'

'Ond fedri di byth anghofio cyfeillgarwch bore oes, a'n crwydriadau ar y Paith?'

Doeddwn i ddim eisiau ateb.

'Archentwyr ŷn ni, Nel, ac Archentwyr fyddwn ni'n dau am byth. Fedri di byth ddiystyru dy wreiddiau.'

'Na fedraf, John, ond rwy'n briod â Chymro nawr, a gwnaf fy ngorau i fod yn Gymraes deilwng o'm gŵr.'

'Fedri di byth.'

'O gwnaf, rwy'n benderfynol. Wna i byth anghofio Archentina a'r Wladfa, wrth reswm, ond rwy'n barod erbyn hyn i ffarwelio â nhw.'

'Amhosib, Nel.'

'O ydy, mae'n bosib. A mwy na hynny, rwy'n barod i ffarwelio â thithe hefyd, John.'

Distawrwydd. Ond dyma'r trên yn chwibanu a dyna ddiwedd ar y sgwrs. Fi gafodd y gair ola—roedd hynny'n gysur.

Epilog

Ar ôl eu priodas aeth Tom ac Ellen i'r 'gweithe' i geisio gwell byd, a gwell cyflog nag a gâi Tom yn y ffatri.

Cawsant dŷ yn Jones Street, Blaenclydach ac roedd dodrefn crand Hannah yn fwy na llenwi'r tŷ bychan. Ond ar ôl cyfnod o ryw bedair blynedd, a chanddynt ddau o blant erbyn hynny, clafychodd Tom. Roedd y gwaith peryglus, llychlyd, a'r oriau meithion o lafurio yng nghrombil y ddaear yn ormod iddo.

Erbyn hyn roedd Ellen wedi derbyn arian o Batagonia, sef ei siâr o ganlyniad i werthu Llain-las, a bu Dyfrig yn ddigon hael i roi ei gyfran yntau iddi hefyd. Gadawsant Blaenclydach, a bu yr arian a gawsai yn help iddynt agor siop ddillad yn Llandysul, ac yno y buont yn yr 'Emporium' hyd nes iddynt ymddeol ym 1936, a mynd 'nôl i Dre-fach i fyw.

Ym 1913 fe briododd Hannah yn Chile â masnachwr cyfoethog— Juan Ross.

Ym 1914 penderfynodd Hannah ddod 'nôl i Brydain i gyrchu Johnnie, ei mab. Erbyn hyn roedd yn bedair ar ddeg oed ac yn Gymro bach uniaith, heblaw am ychydig frawddegau o Saesneg. Treuliai lawer iawn o'i amser yn Llandysul gyda Tom ac Ellen a'r ddau blentyn, ac fel sawl hogyn o'i oedran ei uchelgais oedd mynd yn yrrwr trên. Doedd e ddim yn adnabod ei fam; roedd wedi'i hanghofio'n llwyr, ac nid oedd yn awyddus o gwbl i fynd 'nôl i Chile. Ni siaradai air o Sbaeneg, a doedd gan Hannah ddim gair o Gymraeg, a dim ond ychydig eiriau o Saesneg. Roedd y berthynas rhwng y fam a'i phlentyn yn oeraidd ac estron. Methai'n lân â threiddio drwy'r gwahanfur oedd rhyngddynt, y gwahanfur a adeiladodd hi ei hunan ddeng mlynedd ynghynt. Mae'n debyg fod y perswadio, yr addewidion, a'r ymdrech i ennill ei ymddiriedaeth yn fethiant llwyr.

Gorfu iddi aros am rai wythnosau yn ceisio'i ddarbwyllo ac fe redodd Johnnie i ffwrdd ddwywaith i osgoi mynd 'nôl gyda hi.

Roedd y Rhyfel Mawr yn ei anterth erbyn hyn, ac oherwydd yr oedi, a hithau'n feichiog ar y pryd, gorfu i Hannah aros yn Llandysul hyd nes geni'r plentyn. Ac oherwydd y peryglon ar y môr, gwrthodwyd caniatâd iddi fynd â'i babi bach 'nôl gyda hi.

Ond roedd yn benderfynol o fynd, doed a ddelo. Un styfnig oedd Hannah, a llusgwyd Johnnie gan strancio 'nôl i Chile. Ond fe adawodd Hannah ei baban bach ar ôl. Roedd yn rhaid iddi wneud hynny, neu aros am gyfnod pellach yng Nghymru. Ond ni fynnai aros; roedd yn gas ganddi'r syniad. Enwyd y babi yn Teifi—Teifi Juan Ross. Cafwyd mam-faeth iddo, a chafodd ofal mam gan Miss James, Horeb.

Ar ddiwedd y rhyfel, a Teifi tua phedair oed erbyn hyn, daeth ei dad Juan Ross, ynghyd â Johnnie, drosodd i gyrchu ei fab. Roedd Johnnie'n ddeunaw oed erbyn hyn, ac wrth ei fodd 'nôl yng Nghymru.

Styfnigodd, a gwrthododd yn bendant fynd 'nôl i Chile gyda'i lystad. Tra oedd yn Chile danfonwyd ef i Ysgol Fonedd, lle dysgodd siarad Sbaeneg a Saesneg. Nid anghofiodd ei Gymraeg chwaith, a daliodd i sgrifennu llythyrau yn Gymraeg i Telen tra bu hi byw.

Arhosodd yn Llandysul am gyfnod, a chan fod ei ewythr Dyfrig wedi cadw cysylltiad ag e dros y blynyddoedd penderfynodd ymfudo i Affrica at ei ewythr. Roedd hwnnw erbyn hyn yn berchen ar bwll aur yng Ngogledd Rhodesia, yn ŵr cyfoethog ac yn ddi-briod. Cafodd waith i Johnnie ar y rheilffordd—roedd ei uchelgais i yrru trên yn dal yn gryf ynddo. 'Mhen blynyddoedd daeth yn gyfarwyddwr ar y rheilffyrdd ac yn ŵr o bwys yn y Transvaal.

Yn rhyfedd iawn, pan oedd Teifi tua deunaw oed, aeth yntau allan i Affrica i weld ei frawd—y brawd nas gwelodd ond am ychydig ddyddiau pan oedd yn bedair oed.

Arhosodd yno. Cafodd yntau waith ar y rheilffyrdd, ac yno bu'r ddau drwy eu hoes yn dda eu byd.

Er mawr ofid i Tom ac Ellen dilynodd eu merch, Hannah Emily, y teulu i Affrica. Bu'n byw gyda'i hewythr Dyfrig am gyfnod. Priododd yno â Chymro; ganwyd iddynt ddau o blant, ac yno y bu hyd ei marw ym 1965, wythnos union ar ôl marwolaeth ei mam.

Bu farw Tom ym 1956 yn 86 mlwydd oed, ac Ellen (Nel fach y Bwcs) yn 1965 yn 95 oed. Fe'u claddwyd ym mynwent Dre-fach, Felindre. Pan fu farw Ellen aeth â darn o hanes cynnar cythryblus y Wladfa i'r bedd gyda hi.

Tom ac Ellen a'u dau blentyn, *c.* 1910

Trwyn Carno

Hyd 24, 1906

Mrs Elen Jones

[llythyr mewn llawysgrifen Gymraeg, anodd ei ddarllen]

Fi yn ceisio ysgrifennu gair ... ... i'ch hysbysu fod Llain las wedi ei gwerthu am wyth mil o ddoleri; a gellwch ... eich rhan chwi o honynt ar unwaith a hwn, os nad ... flaen, gan y gall Joseph Jones fod wedi cael ... o'm blaen, bydd pedair mil yn dod i'ch gofal, sef rhan y plant i gyd, cofiwch mai pedair mil oeddynt i gyd ... ... bydd ... ... o dreulian, nis gallaf ddywedyd faint, hyd nes gwelaf Joseph Jones.

Yr ydym wedi anfon y pedair arall i ofal John Lewis Ysw — (Meisrs Mills) fel ... yr oedd eich Tad yn trefnu, gobeithio na bydd angen ... i chwi dalu yr oll o honynt ar unwaith, a ... bydd yn ddigon call i ... ...

Hanes gwerthu Llain-las

Doornkom
11/2/0?

Anwyl Chwaer
Pwt bach y rhagor.
Cofia nad oes ddim dimau o'm
rhan i i fynd i Samuel gellwch
chwi a Johnny wneyd fel y mynoch.
Gallwn feddwl fod Sarah yn cael
gormod o'i ffordd ei hunan. Yr
mae eisieu rhywun i roi pwyll o
dafod iddi.
Os nad ydych wedi anfon fy rhan
i allan yma yn barod galluch eu
gadael yn y Bank hyd nes yr
ysgrifenaf eto. Yr wyf wedi ysgrifenu
at Johnny i ofyn dipyn o hanes
Canada. Yr wyf yn meddwl mai hwn
yw y pared llythyr wyf wedi
ysgrifenu ato heb gael dim atteb.
Nid wyf wedi clywed dim oddiwrtho
os rhyw dair blynedd. Ysgrifenwch lythyr
yn fuan eto. Cofion cynnesaf atoch oll
a Theulu Tom i gyd.
Eich Brawd
Dyfrig.

D.D.Davies.
Foreman

Llythyr Dyfrig i Ellen ynglŷn â rhannu'r arian a ddaeth o werthu Llain-las

Post Office, Llanwrtyd-Wells
Mehefin 27. 1918.

Annwyl Mrs Jones,

Daeth eich llythyr caredig i law yn ddiogel, ac yr wyf yn dra diolchgar i chwi am dano. Yr oedd yn dda iawn genyf gael gair oddiwrthych. Y mae y Parch I. Lewis ("Patagonia") yma hefyd, a dim ond efe. Yr oedd yntau hefyd yn falch iawn, iawn o'ch llythyr, a chewch lythyr maith oddi wrtho yn fuan. Mae'n dda genyf ddweyd nad yw ef yn ddrwg iawn, ac y mae yn dyfod yn well oddiar pan y mae yma. Credaf mai eisiau gorphwys rhyw ychydig dyd arno; ac y mae wedi penderfynu gorphwys yma am ddau fis. Y mae wedi bod yma fis yn awr. Nid wyf fi yn meddwl fod dim pwer arno — dim ond eisiau gorphwys. Yr oedd yn dda genyf eich bod wedi mwynhau "Cymod" a "Jerusalem". Yr wyf yn methu deall pa'r y cawsoch amryw i ddysgu "Jerusalem", os fy hen Anthem i oedd. Cyfansodais hi er ys 50 mlynedd yn ol cyn dyfod erioed i Llanwrtyd. Yr amser hyny yr oeddwn yn adnabod rhai yn Llandysul, ond chwi a gweddw y diweddar Barch Thomas James oedd yn weini gyda'r methodistiaid. Yr oeddwn yn byw gyfarwydd yn shop y chemist y pryd hyny, a bum yn aros yno yn awr ac eilwaith am fod y Parch Thomas Jones yn lodgio yno. Yr wyf yn weddol dda fy iechyd ond fod rhyw _giddiness_ yn fy mhen — yr wyf o gwmpas yn y shop a'r post, a bum yn yr ardd ynawr. Nid wyf yn ddigywydd mynd oddi cartef i arwain canu byth eto, fel pan oeddech chwi yma. Nid wyf yn boenus o grabl, ac y wyf fy brytto yn d. Gobeithio eich bod chwi fel teulu yn iach.
Cofion caredig iawn
John Thomas

Llythyr a dderbyniodd Ellen oddi wrth John Thomas, Llanwrtyd

Juan Ross, ail ŵr Hannah, a'u mab Teifi, a Miss James (Horeb), mam-faeth Teifi

Thomas ac Ellen yn dathlu eu priodas aur, Awst 1953